INA VOLKMER

INHALT

VORWORT

Nur mal kurz die Welt retten – wenn wir heute damit anfangen und alle mit anpacken, können wir es noch schaffen. Wenn wir an ein paar Stellschrauben drehen, können wir nämlich richtig viel verändern. Die Küche ist der ideale Ort, um damit zu starten. Angefangen bei der Wahl unserer Lebensmittel, beim Einkaufen und Aufbewahren unseres Essens, beim Verwerten von Resten und bei der Vermeidung von Verpackungsmüll. Klar, das ist nicht immer möglich, manchmal fällt eben trotzdem etwas an – aber selbst dann können wir noch das Beste draus machen und Dosen, Gläser & Co. ein neues Leben schenken.

Und wenn man sich erstmal eingegroovt hat, dann macht das sogar richtig großen Spaß, denn der Kreativität sind gerade beim Kochen und Upcyceln absolut keine Grenzen gesetzt! Und das Tolle ist: Indem wir bewusst leben, uns informieren und versuchen, die bestmöglichen Entscheidungen zu treffen, können wir alle einen Beitrag zur Rettung unserer Umwelt und unserer Zukunft auf diesem Planeten leisten. Ein gutes Gefühl!

Mit diesem Buch möchte ich ein paar Anregungen und Ideen weitergeben, für alle, die Lust auf Zero Waste in der Küche haben.

Viele Grüße

1

NACHHALTIG einkaufen & CLEVER aufbewahren

Nachhaltiges Einkaufen fängt schon auf dem Weg zum Supermarkt an. Wer an die Umwelt denkt, lässt das Auto stehen, nimmt das Rad oder geht zu Fuß.

Großeinkäufe kannst du prima mit einem Lastenrad oder einem Einkaufstrolley transportieren.

ISS MICH!

Nachhaltiges Einkaufen und Zero Waste – also eine konsequente Vermeidung von Müll – gehen Hand in Hand. Denn nur wer bewusst einkauft, vermeidet verdorbene Lebensmittel und unnötigen Verpackungsmüll, der die Umwelt belastet. In diesem Kapitel findest du darum jede Menge Ideen für deinen nächsten Einkauf und Anregungen, wie du deine Lebensmittel unkompliziert transportieren und aufbewahren kannst.

2

DIGITALER WOCHENPLANER

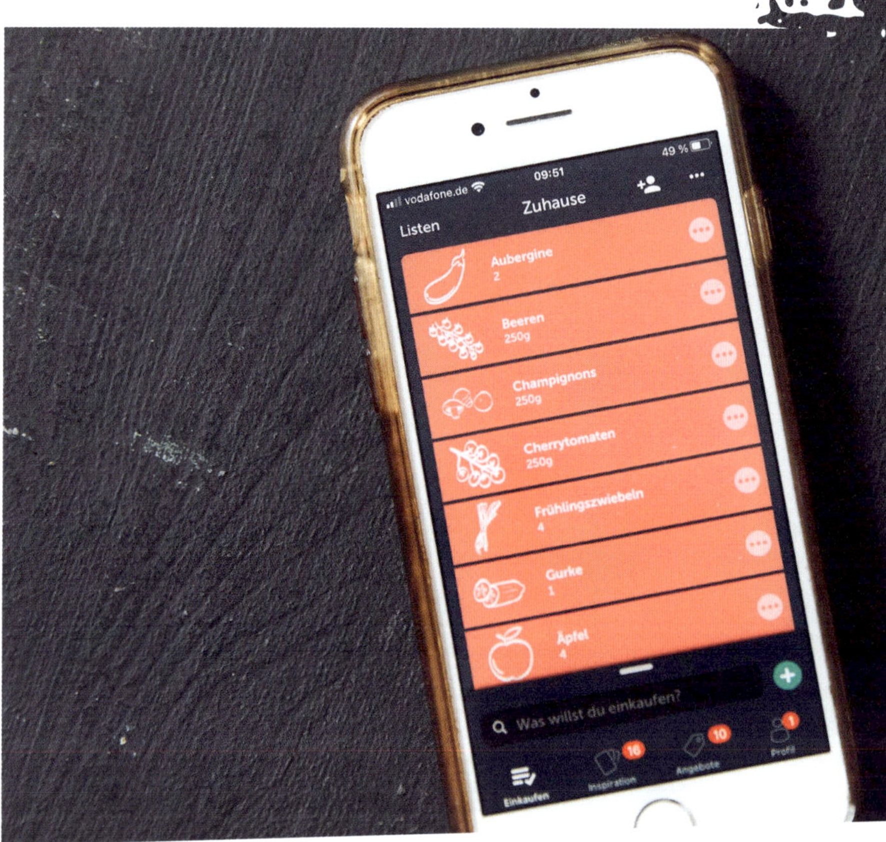

Bei spontanen Lebensmitteleinkäufen kaufen wir oft viel zu viel ein. Mit der Erstellung eines wöchentlichen Essens- und Einkaufsplans lässt sich das zum Glück vermeiden. Schnapp dir dein Smartphone und lade eine Einkaufszettel-App herunter. Darin kannst du alles notieren, was du brauchst und sogar nach Lebensmittel-Gruppen sortieren, damit es im Supermarkt schneller geht. Spannend: Viele Apps erlauben den gemeinsamen Zugriff von mehreren Familienmitgliedern.

Du bist kein Fan von Apps? Dann ist eine Tafel für die Küchenwand das Richtige für dich. Darauf notierst du alle Besorgungen und fotografierst sie am Ende mit dem Smartphone ab. Eignet sich auch für Liebesbotschaften!

Bei Obst und Gemüse solltest du darauf achten, dass du regional und saisonal einkaufst. Wieso? Ganz einfach: Diese Lebensmittel mussten nicht erst eine halbe Weltreise unternehmen, um den Weg zu dir nach Hause zu finden. Somit haben sie eine deutlich bessere CO^2-Bilanz. Im Supermarkt solltest du also auf das Herkunftsland Deutschland setzen. Am besten fährst du jedoch mit einem Einkauf auf dem Wochenmarkt, denn damit unterstützt du in der Regel auch noch Unternehmen und Höfe aus der Umgebung.

Kein Wochenmarkt in der Nähe? Kein Problem. Viele Bauernhöfe liefern Kisten mit regionalem, saisonalem Obst und Gemüse aus. Sprich dich mit deiner Hausgemeinschaft ab, dann spart ihr Fahrt- und Lieferkosten. Und das Beste: Möhren, Kohlrabi & Co. kommen unverpackt bei dir zu Hause an. Du sparst also Verpackungsmüll und CO^2.

3 SETZE AUF DIE REGION

Im Supermarkt lauert jede Menge Verpackungsmüll. Selbst Obst und Gemüse werden häufig in Plastik & Co. verpackt – dabei ist das wirklich unnötig. Diesem Müll kannst du aber ganz easy aus dem Weg gehen, zum Beispiel, indem du ganz gezielt in Unverpackt-Läden oder auf dem Wochenmarkt einkaufst. Denn dort werden (fast) alle Lebensmittel lose verkauft. Wenn du keinen Unverpackt-Laden in der Nähe hast, ist das aber auch kein Weltuntergang. Kaufe lose, wann immer du kannst, das geht auch im Supermarkt.
Doch egal, ob aus dem Supermarkt oder aus dem Unverpackt-Laden: Damit du Obst und Gemüse heil nach Hause bekommst, brauchst du sichere, wiederverwendbare Verpackungen. Dazu eignen sich:

---

1 Stoffbeutel: Du findest sie an der Kasse im Drogerie- oder Supermarkt, aber auch in vielen anderen Läden. Wichtig: Die Anschaffung lohnt sich nur, wenn du sie auch wirklich regelmäßig benutzt und nicht im Küchenschrank versauern lässt. Noch besser: Nähe dir Stoffbeutel in verschiedenen Größen selbst, zum Beispiel aus alten T-Shirts oder Hosen. Auch toll: Obst- und Gemüsebeutel aus ausrangiertem Tüll (siehe Seite 14).

4

GANZ SCHÖN MITGENOMMEN

Behälter und Beutel vor dem Befüllen abwiegen. In den meisten Unverpackt-Läden steht an der Eingangstür eine Waage, mit der du das Leergewicht bestimmen kannst. Beim ersten Besuch kannst du eine Mitarbeiterin oder einen Mitarbeiter um Hilfe bitten, sie erklären dir gerne das System. Auch gut: Beschrifte Gläser und Beutel einfach mit dem Leergewicht. Es wird dann an der Kasse abgezogen.

1

2 **Einkaufsnetz: Praktisch für die größeren Dinge des Lebens, wie Gemüse & Co.**

Milchflaschen: Nicht nur ideal für Flüssigkeiten, sondern auch für Pasta, Reis, Nüsse & Co. Wie du sie optisch gestalten kannst, erfährst du auf Seite 30.

3 **Gläser mit Deckel: Gläser, in denen Marmelade, Honig, Senf oder Gemüse waren, kannst du auswaschen und anschließend Nüsse, Cornflakes, Zucker oder Salz darin transportieren.**

5 **Vorratsdosen: Wiederverwendbare Dosen aus Edelstahl sind die nachhaltigste Wahl und zudem eine stabile Transportmöglichkeit.**

5

BIO IST BESSER

Wenn du bewusst und nachhaltig einkaufen möchtest, macht es auch Sinn, auf die Qualität der Produkte zu achten. Für ein paar Euro extra bekommst du deutlich mehr Geschmack, und zwar in Form von unbelastetem Gemüse. Beim Supermarkt-Gemüse werden immer wieder schädliche Rückstände von Düngemitteln, Pestiziden & Co. nachgewiesen. Das passiert dir bei Bio-Gemüse nicht. Bio-Bauern düngen mit Tiermist und achten auf einen nährstoffreichen, qualitativ hochwertigen Boden. Und auch bei der Fleischproduktion gehen Bio-Bauern bessere Wege. Statt Massentierhaltung in riesigen Ställen ermöglichen sie den Tieren Auslauf auf der Weide. Sie füttern sie mit biologisch angebautem Futter, Gras und Heu und verzichten auf chemische Futterzusätze.

Nur vier Begriffe sind gesetzlich geschützt und gewährleisten, dass ein Produkt nach den Richtlinien der EG-Öko-Verordnung erzeugt wurde: bio, biologisch, öko, ökologisch! Auch auf „kontrolliert biologisch" ist Verlass. Produkte mit Formulierungen wie alternativ, natürlich oder kontrollierter Anbau sind keine Bio-Produkte nach gesetzlichem Standard.

In Automaten steckt normalerweise nicht viel Gutes. Zum einen, weil Süßes und Salziges in Plastik verpackt daherkommt, zum anderen, weil diese Lebensmittel einfach nicht gesund sind. Es gibt aber mittlerweile auch Automaten, die bis oben voll mit guten Sachen sind und von Landwirten und anderen regionalen Erzeugern betrieben werden. Darin stecken Obst und Gemüse der Saison, Eier, selbst gekochte Hochzeitssuppe, Milch von glücklichen Kühen und selbst gemachter Joghurt. Und oft sogar Grillfleisch, Würstchen oder Wurst-Produkte – alle aus eigener Herstellung. Und: Natürlich alles ohne Plastik verpackt, direkt vom Hof.

Gläser, Boxen & Co., die als Verpackung dienen, kannst du direkt auf dem Hof zurückgeben, damit sie erneut verwendet werden können. Standorte in deiner Nähe findest du auf www.regiomat.de.

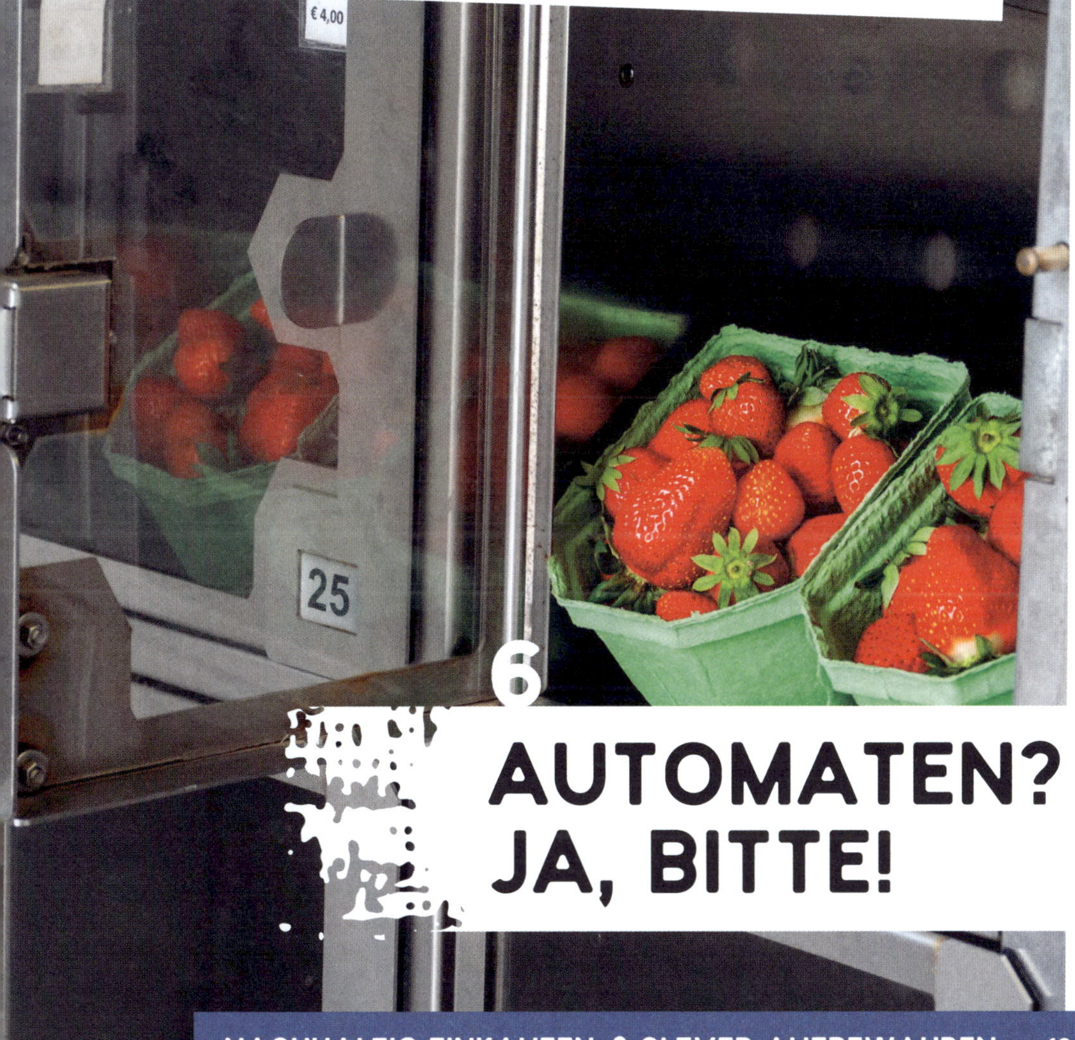

6 AUTOMATEN? JA, BITTE!

7 WEG VOM FENSTER

Wenn du im Supermarkt auf die Tüten in der Obst- und Gemüseabteilung verzichten möchtest, brauchst du eine leichte Alternative, damit du beim Abwiegen nicht draufzahlst. Durchsichtige, leichte Stoffe, wie zum Beispiel ausrangierte, netzartige Gardinen oder auch Tüll eignen sich also am besten. Sie fallen beim Abwiegen kaum ins Gewicht und die Mitarbeitenden an der Kasse sehen sofort, was drinsteckt.

---

1 Das brauchst du: Schere, Maßband, Nähnadel, Garn, Wolle, Stoffrest, Gardinenstoff, Wollfaden, 2 Holz-Wäscheklammern

2 **Schneide den Gardinenstoff auf ein Rechteck im Format A3 (oder größer oder kleiner) zu.**

3 **Klappe den Stoff in der Mitte zusammen und vernähe die offenen Seiten links und rechts mit der Nähmaschine oder per Hand.**

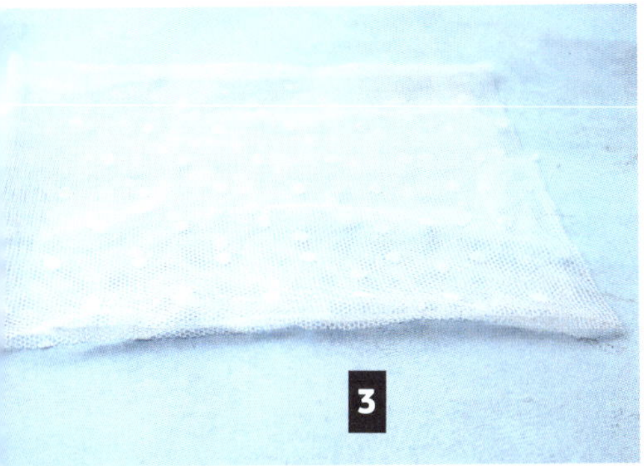

Den Saum oben umklappen und ebenfalls vernähen. Danach alles auf rechts drehen, sodass die Nähte innen liegen.

5 **Wenn du Lust hast, kannst du von außen noch einen Stoffrest anbringen, darauf kannst du dann das Etikett vom Abwiegen befestigen.**

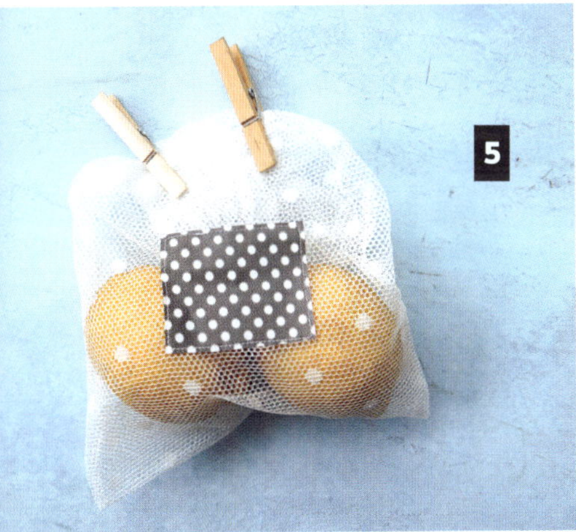

Damit nichts rauskullert, schließt du den Beutel mit einem Wollfaden oder mit einer Holz-Wäscheklammer.

In die Beutel passen circa zwei Zitronen oder Äpfel. Du kannst die Beutel aber auch in anderen Größen anfertigen. Geübte Nähende können auch eine hübsche Kordel einnähen.

8

HAPPY EGGS

Leider sind es nicht immer glückliche Eier, die bei uns im Eierbecher landen. Denn viele Betriebe setzen bei Hühnern nicht gerade auf faire Lebensbedingungen. Vor allem in der Massentierhaltung herrschen katastrophale Zustände. Kaufe deine Eier darum am besten auf dem Wochenmarkt oder direkt vom Bauernhof deines Vertrauens. Wenn das nicht möglich ist, solltest du im Supermarkt zu Bio-Eiern greifen. Achte zur Sicherheit auf den Stempel auf dem Ei. 0 steht für Bio, 1 für Freilandhaltung. Auf die Stempel 2 und 3 solltest du jedoch verzichten.

Eierschalen kannst du fein zerkrümeln und direkt auf deine Beete geben. Sie sind ein toller Dünger – vor allem für Tomatenpflanzen.

Wenn du nachhaltig einkaufen möchtest, um die Umwelt nicht unnötig zu belasten, lohnt es sich, auf einen weiteren Umweltsünder zu verzichten – und das ist Soja. Für den Anbau von Soja werden regelmäßig große Flächen Urwald gerodet. Pflanzen, die aus Entwicklungsländern kommen, sind zudem häufig gentechnisch optimiert. Es macht also durchaus Sinn, hier etwas kürzer zu treten und statt einem Soja-Schnitzel lieber ein leckeres Gemüse-Schitzel zuzubereiten, zum Beispiel aus Kohlrabi. Dazu einen Kohlrabi in ca. 1 cm dicke Scheiben schneiden, diese 5 Minuten kochen und danach wie beim „echten" Schnitzel in Mehl, verquirltem Ei und Paniermehl wenden und knusprig braten.

Möchtest du trotzdem ab und zu Soja essen, solltest du auf die Aufschrift „gentechnikfrei" achten. Und nicht vergessen: Soja steckt nicht nur in Tofu, Sojamilch und veganer Wurst, sondern auch in Margarine, Mayo und Kosmetik.

9 SAY NO

Aus Stoffresten kannst du einen tollen Brot- oder Brötchenbeutel mit Sichtfenster nähen, perfekt für den Einkauf im Supermarkt oder in der Bäckerei. Verwendest du dabei auch etwas Tüll oder Gardinenstoff, können die Mitarbeitenden an der Kasse auf einen Blick sehen, was drinsteckt.

---

1 Das brauchst du: Nähnadel, Garn, Stoffreste, Tüll-Rest, Maßband, Schere, Stift, Tüll, 2 Wäscheklammern aus Holz

10 SELBSTGENÄHTER BROTBEUTEL

1

Schneide den Stoffrest zu einem Rechteck in Wunschgröße zu und klappe das untere Viertel nach oben.

2

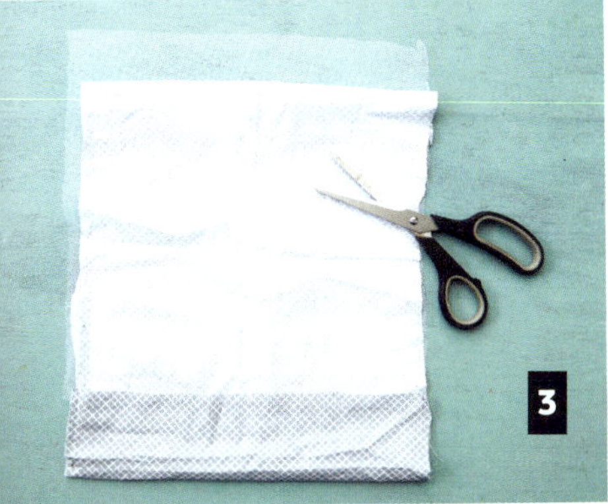

3 Nun schnappst du dir den Tüll- oder Gardinen-Rest und schneidest daraus ein Stück, das so groß ist wie der Rest vom Stoffrest-Rechteck.

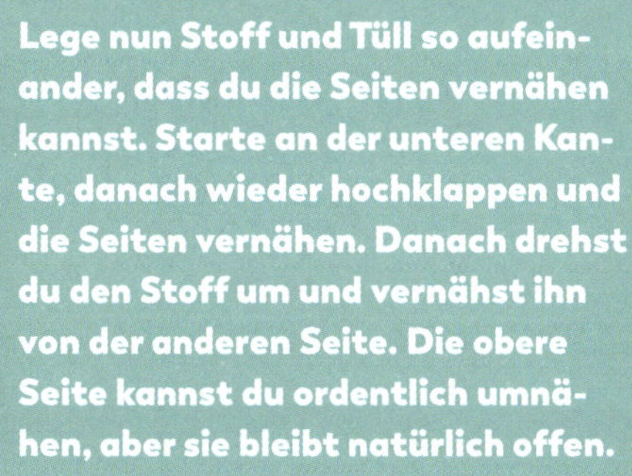

Lege nun Stoff und Tüll so aufeinander, dass du die Seiten vernähen kannst. Starte an der unteren Kante, danach wieder hochklappen und die Seiten vernähen. Danach drehst du den Stoff um und vernähst ihn von der anderen Seite. Die obere Seite kannst du ordentlich umnähen, aber sie bleibt natürlich offen.

5 Nun fehlt nur noch eine Lösung für das Schließen des Brotbeutels: Profis nähen eine Kordel ein. Am einfachsten machst du es dir jedoch, wenn du eine Wäscheklammer benutzt oder eine Kordel um die Öffnung wickelst. In deinem neuen Brotbeutel fühlen sich kleine Mengen Brötchen und Gebäck wohl. Du kannst die Beutel aber natürlich auch in Wunschgröße anfertigen.

11

NACHHALTIGE WAHL

Ein Drittel der kommerziell genutzten Fischbestände gelten als überfischt. Und auch das sensible Ökosystem im Meer verändert sich mit jedem Tag mehr. Ein guter Grund, den Fischkonsum einzuschränken und beim Einkaufen nachhaltig zu denken: Alaska-Seelachs, Makrele und Kabeljau solltest du am besten nur noch selten essen. Aal, Hai, Granatbarsch, Rochen, Schnapper und Rotbarsch solltest du nicht mehr essen. Okay sind Forelle, Garnele, Lachs und Karpfen aus EU-Bioaquakultur, Miesmuscheln aus Hängekulturen sowie Hering und Nordsee-Scholle.

Achte beim Kauf auf Bio- und Umweltsiegel. Sie garantieren nachhaltige Fischerei.

Nicht alle Plastik-Pfandflaschen werden mehrfach verwendet und wieder nachgefüllt. Darum solltest du auf Mehrweg-Flaschen aus Glas ausweichen. Oder noch besser: Du steigst auf Wasser aus der Leitung um, denn das ist in Deutschland fast überall von hervorragender Qualität.

Möchtest du auf Sprudel nicht verzichten, lohnt sich die Investition in einen Wassersprudler.

12

CIAO PLASTIK

13

SETZE AUF FAIRPLAY

Mit dem Kauf von Fairtrade-Kaffee leistest du einen Beitrag zur Verbesserung der Lebens- und Arbeitsbedingungen von Kaffeebauern und förderst gleichzeitig den Umweltschutz. Zertifizierungen wie Fairtrade oder Bio helfen dir bei der Wahl eines klima- und menschenfreundlichen Kaffees.

Viele Cafés bieten ebenfalls Fairtrade-Kaffee an. Einfach nachfragen, ob ein Alternativprodukt angeboten wird.

Wer übrig gebliebenes Essen, frisches Obst und Gemüse einfrieren möchte, verwendet dabei meistens Plastikbeutel oder -dosen. Doch es geht auch plastikfrei: in dickwandigen Schraubgläsern, zum Beispiel von Honig oder Brotaufstrichen.

Glas nur zu etwa drei Vierteln füllen, damit das Glas nicht platzt. Deckel anfangs nur lose auflegen und zudrehen, wenn der Inhalt gefroren ist.

14 ICE ICE BABY

Lebensmittel, die richtig gelagert werden, halten auch länger – und können in aller Ruhe aufgebraucht werden. Aber was gehört eigentlich wohin?

---

1 Küchenschrank: Nudeln, Reis, Mehl, Zucker, Hülsenfrüchte, Konserven

15 WOHIN DAMIT?

2 Speisekammer: Auberginen, Paprika, Zucchini, Gurken, Orangen, Clementinen und Bananen. Diese Speisen vertragen nämlich weder Kühlschrank noch Zimmertemperatur. Am wohlsten fühlen sie sich in der konstant kühlen Speisekammer.

3 **Tomaten und Äpfel fühlen sich auch in der Speisekammer wohl, wohnen aber gerne getrennt vom anderen Obst und Gemüse.**

4 **Kartoffeln mögen es ganz besonders kühl, dunkel und trocken, z. B. in einer abgedeckten Kiste.**

Im Netz: Zwiebeln, Knoblauch

6 **Im Gemüsefach des Kühlschranks: Pilze, Karotten, Salat, Spargel, Pfirsiche, Nektarinen, Melone, Kiwis, Kirschen, Birnen, Beeren, Pflaumen, Ananas, Trauben. Den Salat in ein feuchtes Tuch wickeln.**

7 **Frühlingszwiebeln und grünen Spargel ins Wasserglas stellen.**

Egal ob Brottüte, Alu- oder Frischhaltefolie – in Zukunft solltest du auf Verpackungsmaterialien, die nach einmaliger Verwendung in der Tonne landen, gänzlich verzichten. Aber was dann? Hervorragend geeignet sind wiederverschließbare und mehrmals verwendbare Gefäße, wie Gläser mit Schraubdeckel oder Boxen aus Edelstahl. Sie haben zudem eine lange Lebensdauer und sind sehr robust.

Möchtest du etwas im Kühlschrank verstauen, kannst du deine Reste ganz easy in einem tiefen Teller oder in einer Schüssel lagern und darauf einen zweiten flachen Teller legen.

16 KOMMT NICHT IN DIE TÜTE

17

GLAS MIT CHARME

Damit Gläser und Flaschen im Schrank ein bisschen mehr hermachen, solltest du das Etikett entfernen. Einfach in warmem Spülwasser einweichen und dann abziehen. Danach mit einem Glasmalstift beschriften.

Auch schön: Etiketten im Bastelladen kaufen und auf die Gläser kleben.

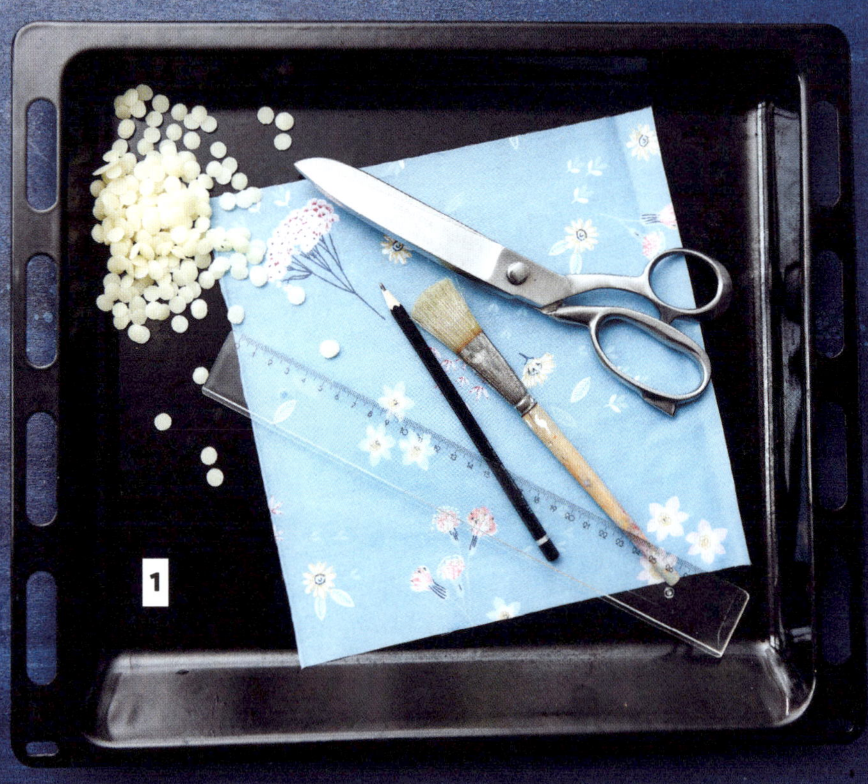

18 WACHS AUF DEINEN TÜCHERN

Bienenwachstücher liegen total im Trend – und das zu Recht, denn sie halten Lebensmittel im Kühlschrank länger frisch und machen Frischhaltefolie überflüssig. Mittlerweile kannst du die Tücher in vielen bunten Designs kaufen – aber mit ein bisschen Zeit kannst du sie auch ganz wunderbar selbst herstellen.

---

1 **Das brauchst du: Stoffreste, Schere, Maßband, Bienenwachs-Pastillen, Backofen, Backblech, Backpinsel**

2 **Stoffreste abmessen und zuschneiden (ca. 20 × 20 cm).**

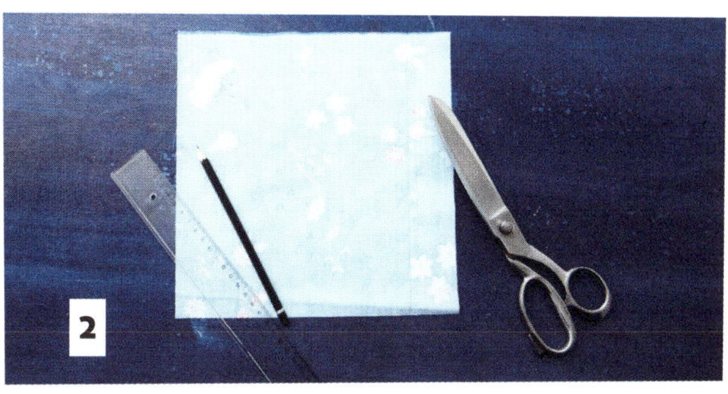

3 **Quadrate auf einem Backblech ausbreiten.**

4 **Bienenwachspastillen auf dem Stoff verteilen. Blech in den auf 80 Grad vorgeheizten Ofen schieben und warten, bis das Wachs geschmolzen ist.**

5 **Blech rausholen und das Wachs mit dem Pinsel auf dem Tuch verstreichen, bis es mit Wachs durchtränkt ist. Danach auf dem Blech auskühlen lassen.**

In das Bienenwachstuch kannst du alles einwickeln, was frisch bleiben soll, etwa ein leckeres Sandwich fürs Büro.

Nach der Benutzung kannst du das Tuch mit Wasser und Spüli reinigen.

19

STYLISCHE FLASCHEN

Flaschen eignen sich wunderbar, um darin trockene Lebensmittel wie Pasta oder Hülsenfrüchte zu lagern. Damit sie hübscher aussehen, solltest du das Etikett entfernen. Einfach in warmes Spülwasser einweichen und dann abziehen. Danach ein Rechteck aus Bucheinschlagfolie ausschneiden und auf die Flasche kleben, die Flasche mit Kreidefarbe bemalen und trocknen lassen. Danach das Klebeetikett wieder entfernen und Pasta oder Hülsenfrüchte in die Flaschen füllen.

Flaschen mit breitem Hals, etwa Milchflaschen, sind besser für die Aufbewahrung geeignet.

Dass man in Einmach- und Schraubgläsern einiges unterbringen kann, ist klar. Aber was ist mit den kleinen Gläschen, zum Beispiel Pesto-Gläser? Keine Sorge, auch die kannst du prima nutzen, und zwar für Gewürze und (selbst) getrocknete Kräuter!

Die kleinen Gläschen eignen sich auch prima als Mitbringsel für Freundinnen und Freunde.

20 KLEIN, ABER GUT GEWÜRZT

21

DIY-ABDECKHAUBEN

Diese selbst genähten Häubchen machen Frischhaltefolie überflüssig und sparen auf diese Weise jede Menge Müll ein.

---

1 **Das brauchst du: Stoffreste, Stift, Schere, Maßband, Kreisformen als Vorlage, z. B. einen Topf und eine Dose, stabiles, breites Gummiband, Nähnadel, Nähmaschine, Bienenwachs-Pastillen, Backofen, Backpinsel, Backblech**

2 **Stoffreste auf den Tisch legen. Topf auf den Stoff legen, mit einem Stift die Umrisse nachzeichnen.**

3 **Wenn du eine kleinere Haube anfertigen möchtest, verwendest du eine Dose als Vorlage.**

4 **Danach zeichnest du um den äußeren Kreis einen weiteren, etwa 3 cm vom Kreis entfernt. Schneide den Kreis aus.**

Mit der Nähmaschine oder per Hand versäuberst du nun alle Kreise rundum, etwa mit einem Zickzackstich. Danach schnappst du dir das Gummiband. Lege das Ende des Bandes ca. 1,5 cm vom Rand des Kreises auf den Stoff und befestige es mit ein paar Stichen. Danach nähst du es rundum fest – und dehnst es dabei. Dadurch zieht sich der Rand des Kreises zusammen. Lass dir Zeit dabei, wahrscheinlich musst du immer wieder kurz anhalten und das Gummiband wieder dehnen. Ist knifflig, aber es dauert nicht lange, bis du den Dreh raus hast. Wenn du einmal rum bist, hast du lauter kleine Häubchen aus Stoff geschaffen.

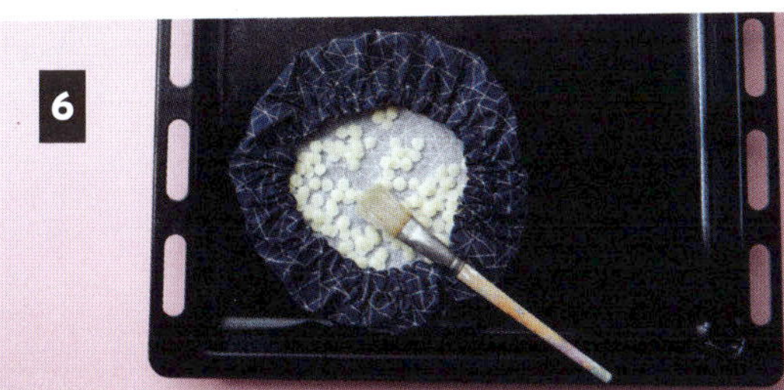

Backofen auf 80 Grad vorheizen und die Hauben so auf ein Backblech legen, dass der Rand nach oben zeigt. Klein geschnittene Wachspastillen in den Hauben verteilen. Auch schauen, ob du etwas auf dem Rand verteilen kannst. Danach schiebst du das Blech in den Ofen, bis das Wachs geschmolzen ist.

7 **Nun holst du das Blech raus, schnappst dir den Backpinsel und sorgst dafür, dass die Hauben überall gut bedeckt sind. Danach auskühlen lassen.**

8 **Die Abdeckhauben kannst du auf Salatschüsseln, Töpfe & mehr setzen.**

8

In der Mini-Version passen sie auch auf Sahne-Becher, Schmand, Joghurt & Co.

COOL BLEIBEN & LÄNGER HALTEN

Auch im Kühlschrank sollte Ordnung herrschen und alles so gelagert werden, dass es nicht schlecht wird. Hier erfährst du, in welche Kälte-Zone im Kühlschrank Gemüse, Milch & Co. gehören.

Kühlschranktür – 8 Grad
Butter und Eier fühlen sich in der obersten Etage wohl, in der Mitte lagerst du Ketchup, Senf, Tomatenmark-Tuben & Co. Im unteren Bereich ist Platz für Milch und Getränke.

Oberes Fach – 8-10 Grad
Hier lagern langlebige Lebensmittel: Marmelade, Eingelegtes und Essenreste, die zeitnah verzehrt werden müssen (siehe Hack 20).

Mittleres Fach – 5 Grad
Hier fühlen sich Milchprodukte wie Joghurt, Quark und Schmand wohl. Auch Käse und Wurst finden hier ihren Platz, am besten in wiederverwendbaren Boxen (siehe Hack 13).

Unteres Fach – 2-3 Grad
Ganz unten lagerst du alles, was schnell verdirbt, also Fisch und Fleisch.

Gemüsefach – 8-10 Grad
In der Schublade unter der Glasplatte fühlen sich Obst, Gemüse und Salat wohl. Lebensmittel nicht zu dicht stapeln, damit die kalte Luft richtig zirkulieren kann.

Produkte mit abgelaufenem Mindesthaltbarkeitsdatum landen schnell im Müll, dabei ist das Datum lediglich ein Richtwert und bedeutet, dass das Produkt bis zu diesem Tag „mindestens“ haltbar ist – es muss danach also nicht zwangsläufig schlecht sein. Einzige Ausnahme: Fisch und Fleisch. Darauf steht oft der Hinweis „Zu verbrauchen bis“. Danach solltest du es auch tatsächlich nicht mehr verzehren. Ansonsten gilt: Riecht es komisch, hat es sich farblich verändert, schimmelt es oder wölbt sich der Deckel, dann bitte nicht mehr essen.

Rohe Eier in ein Schälchen mit Wasser legen. Schwimmen sie an der Wasseroberfläche, sind sie nicht mehr gut. Auf Seite 147 findest du noch mehr zum Thema MHD.

23 DAS IST NOCH GUT!

Du trinkst gerne Filterkaffee, möchtest aber auf den Filter-Müll verzichten? Dann kannst du dir ganz easy mehrfach verwendbare Filtertüten aus Stoff selber nähen.

---

1 Das brauchst du: Papier oder Papprest, Stift, Lineal, Schere, Kaffeefilter, Stoffreste aus Baumwolle oder Leinen, Nähnadel oder Nähmaschine, Garn

1

24 FEELGOOD-FILTER

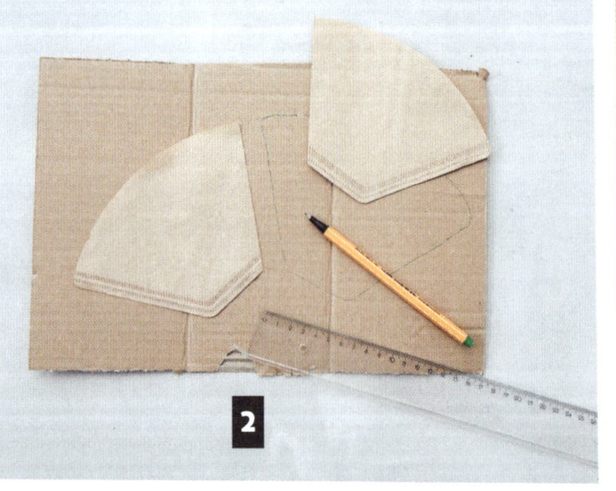

2

2 Lege zwei deiner Papier-Filter nebeneinander, mit ca. 1 cm Abstand auf ein Blatt Papier oder ein Stück Papprest und zeichne die Umrisse ab. Gib an den Rändern ruhig noch jeweils 2 Millimeter extra hinzu, das klappt prima, wenn du ein Lineal zur Hilfe nimmst. Wenn dir das zu kompliziert oder ungenau ist, findest du auch online jede Menge Schnittmuster.

3 **Papp-Vorlage ausschneiden, auf deine Stoffreste legen und mit einem Stift die Umrisse der Vorlage übertragen.**

Danach schneidest du die Filter aus.

5 **Nun versäumst du die Ränder, z.B. mit einem Zickzackstich.**

Es gibt auch wiederverwendbare Kaffeefilter aus Edelstahl. Für normale Maschinen – aber auch für Kapsel-Maschinen. Sie werden ganz unkompliziert mit gemahlenem Kaffee gefüllt und dann in die Kapselmaschine gesetzt. Und das Tolle ist: Es spart auch einen Haufen Geld!

6 **Den Stoff wieder zusammenklappen, sodass beide Filterhälften übereinander liegen. Jetzt alle Seiten, die offen sind, außer die obere, mit einem Zickzackstich zunähen. Filter wie gewohnt in deine Kaffeemaschine einsetzen.**

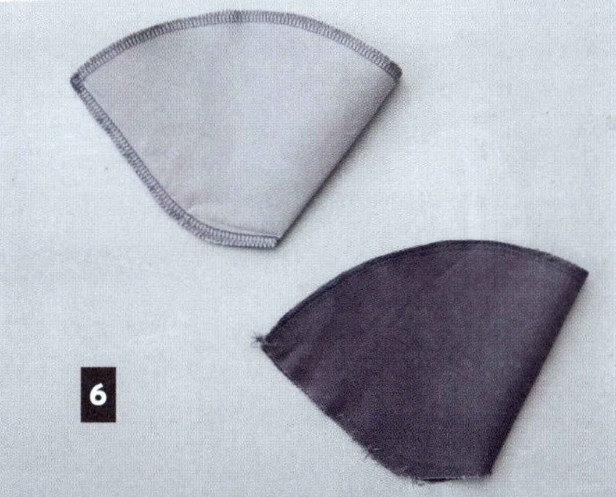

25

ISS-MICH-BOX

Reife Früchte und übrig gebliebenes Gemüse legst du in eine offene Extra-Box oder einen Korb mit der Aufschrift „Iss mich", die immer in der ersten Kühlschrank-Reihe steht. So sieht man gleich auf den ersten Blick, was dringend verbraucht werden muss. Und auch deine Kids wissen beim Öffnen des Kühlschranks, wo sie gerne mal naschen dürfen. So verhinderst du, dass reifes Obst und Gemüse verderben und Lebensmittel, die ihrem MHD-Datum langsam entgegenkommen, in den Müll wandern.

Mehr Infos zur Haltbarkeit von Lebensmitteln findest du bei Hack 23.

NOTIZEN

AHA!

Palmöl ist mit 66 Millionen im Jahr das meist produzierte Pflanzenöl der Welt, das mittlerweile in jedem zweiten Produkt steckt, von Margarine, Keksen, Fertigpizza und Tütensuppen bis zu Haushalts- und Hygieneartikeln wie Kerzen, Lippenstift, Lotion, Sonnencremes oder Farben. Um das Öl gewinnen zu können, müssen allerdings jede Menge Ölpalmen angebaut werden, und zwar derzeit auf 27 Millionen Hektar Land. Das entspricht etwa der doppelten Fläche von ganz Griechenland – eine gigantische Industrie, für die hektarweise Regenwald abgeholzt wird. Die Alternativen muss man im Supermarkt tatsächlich suchen, aber es gibt sie. Achte am besten darauf, dass stattdessen ein Bio-Öl aus heimischen Pflanzen verwendet wird, wie Sonnenblumen- oder Rapsöl.

LEBENS-
mittel
RETTEN
&
verwerten

Die meisten Menschen entsorgen das Blattgrün von Gemüse. Dabei kann man das frische Blattgrün problemlos essen. Neben Möhren kannst du auch das Grünzeug von Kohlrabi, Radieschen, Rote Bete, Fenchel, Brokkoli und Sellerie wunderbar essen. Sie schmecken toll in Salaten, Suppen, Smoothies, Saucen und Bowls, aber auch in Pestos und Chutneys.

Lust auf ein leckeres Karottengrün-Pesto? Dann schau doch mal auf Seite 52.

Es ist unglaublich, wie viel Essen jedes Jahr im Müll landet statt auf unserem Teller. Dabei kann man selbst aus den verrücktesten Resten noch etwas zaubern – man muss nur wissen, wie! In diesem Kapitel erfährst du, wie aus Obst, Gemüse & Co. neue Gerichte und Desserts werden, wie du trockenen Kuchen zu einem leckeren Nachtisch machst – und wie selbst aus Schalen und vermeintlichen Abfällen noch ein himmlisches Essen wird.

Gemüseschalen und Reste in einem Behälter im Tiefkühlfach sammeln, bis du 4-5 Handvoll zusammen hast. Danach in einen Kochtopf geben, mit Wasser bedecken und 60 Minuten kochen. Danach noch zwei weitere Stunden ziehen lassen und den Sud durch ein Sieb abgießen, mit Salz und Pfeffer würzen und als Basis für eine leckere Gemüsesuppe verwenden.

Füllst du die Brühe in Eiswürfelbehälter, kannst du damit bei Bedarf Soßen und Suppen würzen, anstatt Gemüsebrühe-Pulver zu verwenden.

27

DAS BESTE SIND DIE RESTE

28 FLÜSSIGES GLÜCK

Aus übrig gebliebenen Obstresten kannst du leckere Smoothies mixen, selbst wenn das Obst schon leicht mitgenommen aussieht, zum Beispiel nach einem Tag in der Schul-Tupperdose deiner Kids. Einfach klein schneiden, pürieren, mit etwas Wasser oder Milch auffüllen und eiskalt genießen.

Auch Gemüsereste machen sich hervorragend im Smoothie, zum Beispiel Möhren, Grünkohl, Spinat oder Feldsalat.

29

VON WEGEN ALT

Trockenes Weißbrot ist noch lange kein Fall für die Tonne. Einfach in Würfel schneiden, in einer gefetteten Pfanne wenden und als knusprige Croutons über Salate und Suppen streuen.

Brot bleibt in ein Geschirrtuch gewickelt länger frisch. Es reguliert die Luftfeuchtigkeit und beugt dem Austrocknen des Brotes vor. Zusätzlich bleibt das Brot länger frisch, wenn es zur Aufbewahrung auf die Schnittfläche gestellt wird.

Einfach Gemüsereste pürieren und mit Quark- oder Joghurtresten verrühren.

Auch gut: Gehackte Kräuter unterrühren.

30

LECKERER AUFSTRICH

31

EISKALTE WÜRFEL

Rotwein- und Saftreste in eine leere Eiswürfelform geben und einfrieren. Mit dem Rotwein kannst du bei Bedarf Soßen verfeinern, die Saftwürfel werden zum fruchtigen Eiskonfekt.

Du hast noch Kräuter übrig? Einfach in die Eiswürfelform geben, mit Wasser auffüllen und einfrieren. Wenn du mal wieder etwas Schnittlauch & Co. brauchst, kannst du schnell einen Würfel ins Essen geben.

Trockene Brötchen vertragen eine zweite Runde im Ofen. Vorher mit Wasser einpinseln und dann bei 150 Grad 5 bis 10 Minuten backen.

Und hart gewordenes Brot? Schnapp dir einen Kochtopf, befülle ihn mit einem halben Zentimeter Wasser und stelle ein Schälchen hinein. Nun legst du das Brot so auf das Schälchen, dass das Brot das Wasser nicht berührt. Das Wasser erhitzen, bis es dampft, und das Brot auf kleiner Stufe 10 Minuten "schwitzen" lassen. Danach aus dem Topf nehmen und auskühlen lassen.

32 ZWEITE RUNDE

33

SÜSSER AUFLAUF

Mega lecker: Trockenes Baguette oder Brötchen in Scheiben schneiden (ca. 400 g) und schräg in eine Auflaufform schichten. In einer Schüssel 2 Eier, 400 ml Milch und 100 g Zucker vermischen. Die Flüssigkeit über die Brotreste gießen. Bei 180 Grad 40 bis 45 Minuten backen, Ober- und Unterhitze eignet sich am besten.

Zum Auflauf passen auch Obstreste aller Art, zum Beispiel Beeren. Auch Nudeln vom Vortag kannst du super im süßen Auflauf unterbringen.

Die vegetarische Alternative zu Frikadellen ist schnell gemacht! Du brauchst nur altes Brot, Wasser, Zwiebeln, ein Ei, Salz und Pfeffer. Brot in Stücke schneiden und in eine Schüssel geben. Brot mit Wasser bedecken und kurz einweichen lassen. Wasser wieder abgießen und das Brot mit den Händen auswringen. Zwiebeln klein schneiden und mit dem Ei zum Brot geben. Mit Salz und Pfeffer würzen. Klein gehackte Kräuter nach Belieben hinzugeben und gut verrühren. Aus dem Teig kleine „Frikadellen" formen und in einer Pfanne mit etwas Öl goldbraun braten.

Du hast noch Oliven, Paprika oder Käse-Reste übrig? Rein damit, die schmecken super in den Brotlingen.

34

SCHNELLE BROTLINGE

35

KAROTTEN-PESTO

Das Karotten-Gestrüpp futtern nur die Kaninchen? Von wegen! Daraus kannst du leckeres Pesto zaubern. Dazu brauchst du 1 Bund Karottengrün, 1 Handvoll frisches Basilikum, 120 ml Olivenöl, 2 mittelgroße Knoblauchzehen, 1 EL Cashewkerne, 1 EL Mandeln, 1 EL Hefeflocken, Salz und Pfeffer. Das Grün grob klein schneiden und zusammen mit den Nüssen in einen leistungsstarken Mixer geben, bis eine cremige Masse entsteht. Mit Salz und Pfeffer würzen und abschmecken.

Du möchtest wissen, wie du an mehr Karottengrün gelangst? Schau dir Hack 58 an.

36

OBST-CRUMBLE

Schrumpeliges Obst eignet sich hervorragend für ein leckeres Dessert. Du brauchst dazu etwa 200 g Obst, 60 g Mehl, 40 g kalte Butter und 25 g Zucker. Obst klein schneiden und in eine gefettete Auflaufform geben. Mehl, Butter und Zucker vermischen. Mit den Händen zu Streuseln verkneten und über das Obst geben. 30-40 Minuten bei 200 Grad Ober- und Unterhitze backen.

Wenn du möchtest, kannst du zum Mehl-Mix noch eine Prise Zimt geben.

37 WRAP IT

Essenreste – egal welcher Art – schmecken am nächsten Tag immer noch wunderbar, wenn du sie zu einem Wrap verarbeitest. Wenn du keine Wraps da hast, kannst du auch Reispapier oder Gemüse verwenden, zum Beispiel ein großes Salatblatt. Lecker sind auch ein salziger Pfannkuchen, ein Taco oder ein Fladenbrot. Perfekt fürs Büro oder ein kleines Picknick.

Lecker dazu: Soßen, Dips, Frischkäse, Senf, Wasabi.

Große Gurkengläser und Milchflaschen mit Schraubdeckel eignen sich prima als Geschenk für deine Liebsten, wenn du darin eine selbst zusammengestellte Bananenbrot-Backmischung verschenkst. Einfach 220 g Mehl, 4 EL Kokosblütenzucker, 60 g gehackte Walnüsse, 1 TL Zimt, ½ TL Vanillezucker, 1 TL Backpulver, 1 Prise Salz und 50 g Zartbitter-Schoki übereinander schichten. Danach ein Schild mit der Backanleitung schreiben: Kuchen-Mix mit 2 Eiern, 150 g Naturjoghurt, 200 ml Hafermilch, 3 EL Sonnenblumenöl und 3 reifen Bananen in Stücken verrühren. Bei 180 Grad (Ober-/Unterhitze) 50 Min. backen.

Noch eine Banane und ein Ei übrig? Wenn du auch noch ein bisschen Speisestärke im Schrank hast, kannst du daraus leckere Pancakes machen: Banane schälen, zerdrücken, mit dem Ei vermengen und 30 g Speisestärke unterrühren. Danach in der gefetteten Pfanne braten – fertig!

38 MIT LIEBE VERSCHENKEN

Du hast noch ein paar bröselige Cornflakes übrig? Dann mach daraus eine Peeling-Maske, die überschüssiges Fett von der Haut absorbiert. Mahle die restlichen Cornflakes so fein wie möglich und gib so viel Honig und Zitronensaft dazu, bis daraus eine feste Paste wird. Mit den Fingern aufs Gesicht auftragen, 10 Minuten einwirken lassen und mit warmem Wasser abwaschen.

Ein Peeling kannst du auch aus Kaffeesatz herstellen. Kaffeesatz vorher gut trocknen lassen und danach 1:1 mit Zucker mixen.

39

BRÖSEL-PEELING

SÜSSE RITTER

250 ml Milch, 1–2 Eier, 1 Prise Salz und 2 EL Puderzucker verquirlen, eine Scheibe Toast darin baden und in einer heißen Pfanne mit Öl oder Butter goldbraun braten.

Lecker dazu: Zimt & Zucker, Marmelade, flüssige Schokolade, Sahne oder Obst.

Hast du übriggebliebene Gemüsestrünke bisher immer weggeworfen? Dafür sind sie viel zu schade, denn aus den vermeintlichen Küchenabfällen kannst du mit wenig Aufwand neue Pflanzen ziehen. Hervorragend geeignet sind Sellerie, Salat, Lauch oder Chinakohl. Dazu den Strunk in ein Schälchen mit Wasser setzen, sodass nur die untere Hälfte im Wasser ist. Sobald neue Blätter nachwachsen, in einen Topf mit Erde setzen.

Wechsle täglich das Wasser und achte darauf, dass die Pflanze ausreichend Licht und Sonne bekommt.

41

NEUE PFLANZEN ZIEHEN

Im Garten sprießt jede Menge Grünzeug, das zu Unrecht als Unkraut verteufelt wird, denn es ist prima zum Essen geeignet. Zu den bekanntesten Gewächsen gehören Brennnesseln, Bärlauch, Giersch, Gundermann und Löwenzahn.

Vorsicht: Bärlauch hat giftige Kollegen. Die Herbstzeitlose und das Maiglöckchen sehen ihm sehr ähnlich. Wenn du dir nicht zu 100 Prozent sicher bist, bitte nicht zubereiten.

1 Brennnessel: Als Tee zubereiten.

2 Bärlauch: Schmeckt wie Knoblauch, perfekt für Pesto, Dips und Suppen.

42 UNKRAUT INS TÖPFCHEN

Giersch: Scharf, passt gut zu Salaten, Suppen und Kartoffeln.

4 Gundermann: Herb, leicht minzig, lecker im Quark und in Kräuterbutter. Auch lecker: In geschmolzene Zartbitter-Schoki tunken und kalt werden lassen.

Wer hätte das gedacht: Bananen und Kiwis kannst du mit Schale verspeisen, vor allem im Smoothie.

Im Smoothie findet auch das Kerngehäuse vom Apfel ein Plätzchen. In geringen Mengen kannst du die Apfelkerne nämlich problemlos mitessen.

43

MIT KERN UND SCHALE

44

MÜDER SALAT TRIFFT SUPPE

Auch für schlappen Salat findet sich noch eine Verwendung. Richtig gut macht er sich in Suppen, die aus püriertem Gemüse bestehen, etwa eine Karotten- oder Kartoffelsuppe.

Du möchtest müden Salat wiederbeleben? Einen Versuch ist es wert: Bade ihn für 10 Minuten in einer Schüssel mit Wasser und 1 EL Zucker.

45

SÜSS-WÜRZIGE TOMATEN

Zu viele Tomaten gekauft und nun sind alle weich geworden? Kein Problem: Weiche Tomaten kannst du noch prima in einer Auflaufform backen. Durch das Backen bekommen sie eine köstliche Süße und die Aromen sind besonders intensiv. Einfach 3-4 Knoblauchzehen, getrockneten Thymian oder Rosmarin dazugeben und mit Olivenöl beträufeln. Salzen und pfeffern und 15 Min backen.

Tomaten, die ihre besten Zeiten schon hinter sich haben, in Tomatensoßen verwerten, zum Beispiel in einer leckeren Bolognese.

Schrumpelige Paprika sind noch lange kein Fall für den Müll. Einfach klein schneiden, entkernen und einfrieren.

Entdeckst du Schimmel oder braune Stellen, bitte nicht mehr verwenden.

46

VIEL ZU SCHADE

47

NEUE SPANNKRAFT

Ein kleiner Haushaltstrick bringt der Möhre ihre Spannkraft zurück. Du brauchst dazu nicht mehr als ein ausreichend großes Gefäß. Fülle es mit kaltem Wasser und lege die Karotten für zwei Stunden hinein. Anschließend sollten sie so gut wie neu sein.

Entsorgen, wenn du Schimmel entdeckst!

48
EISKALTE EIER

Das Verfallsdatum rückt näher und deine Eierschachtel ist noch immer halb voll? Dann gib die Eier einzeln in eine Eiswürfelform und verquirle sie mit einer Gabel, bevor du sie einfrierst.

Klappt auch, wenn du nur Eigelb bzw. Eiweiß übrig hast.

Kuchen ohne Sahne und Creme, die aber ruhig Früchte enthalten können, kannst du super in Gefrierdosen einfrieren. Dann musst du nach Geburtstagsfeiern oder Festen nichts wegwerfen – und auch nicht alles auffuttern.

Kuchen drei bis fünf Stunden bei geöffnetem Deckel auftauen lassen.

49

FÜR SPÄTER

50

DESSERT MIT KUCHEN-CRUNCH

Trockenen Kuchen kannst du weiterverwenden, indem du ihn zerbröselst und übers nächste Dessert streust. So peppst du Quark, Joghurt und Eiscreme auf. Und lecker ist es auch!

Auch lecker: Bestreiche trockenen Kuchen mit Butter, Frischkäse oder etwas Marmelade. So kannst du die Kuchenreste vom Wochenende aufwerten und musst sie nicht wegwerfen.

Aus trockenem Muffin oder Kuchen wird ein leckerer Shake, wenn du den Kuchen zusammen mit einer Portion Mandelmilch in den Smoothie-Mixer gibst.

Trockenen Rührkuchen kannst du als Basis für Tiramisu verwenden. Schneide den Kuchen dazu in Scheiben und ersetze damit den Löffelbiskuit.

51 CAKE-SHAKE

52

PAPRIKA TRIFFT REIS

Fülle übrig gebliebenen Reis in eine Paprika. Vorher mit Kräutern würzen und anderes übergebliebenes Gemüse, z. B. Tomaten, hinzufügen. Danach bei ca. 175 Grad für 30 Min. im Backofen garen.

Gib etwas Feta dazu, das macht den Mix noch würziger.

53

RESTE-FRITTATA

Alles, was schon lange aufs Verwerten wartet, kannst du in einer Frittata unterbringen, etwa Karotten, Spargel, Bohnen, Zwiebeln, frischen Spinat, Oliven, Tomaten, Speck, Schinken oder Käse. Selbst Gemüseschalen machen sich hier gut. So geht's: Verquirle vier Eier, 1 EL Wasser und würze mit Salz und Pfeffer. Danach gibst du alle Gemüsereste in eine heiße Pfanne mit Öl und brätst alles gut an. Nun gibst du die Eimasse dazu und lässt alles bei mittlerer Hitze rund 10 Minuten zugedeckt backen, bis sich die Unterseite golden färbt und die Oberseite nicht mehr flüssig ist.

Noch besser schmeckt die Frittata mit frischen Kräutern bestreut.

Kürbis ist super lecker und nährstoffreich – doch das Innenleben landet meistens in der Tonne. Dabei kannst du die Kürbiskerne prima rösten und über deinen Salat streuen.

Apropos Kerne: Auch Melonenkerne kannst du in einer Pfanne mit etwas Öl und Salz rösten.

54

COOLE KERNE

55

SUPER AROMATISCH

Gezupfte Kräuter-Stängel, zum Beispiel von Rosmarin oder Thymian, in eine Flasche mit einem geschmacksneutralen Öl geben. Nach 4 bis 5 Tagen wird daraus ein leckeres Kräuteröl.

Die gezupften Stängel geben auch Suppen und Smoothies nochmal eine Portion Extra-Geschmack.

Der Brokkoli-Strunk landet häufig im Biomüll – dabei ist er nicht nur essbar, sondern sogar äußerst schmackhaft. Wenn du ihn schälst und von verholzten Stellen befreist, kannst du ihn genau wie die Röschen zubereiten. Wenn du eine Brokkolisuppe zubereitest, kannst du den Strunk mitkochen und mitpürieren.

Vielen Gerichten, die Brokkoli enthalten, kannst du den Strunk auch einfach unterjubeln: einfach geschält und kleingeschnitten beifügen – zum Beispiel asiatischen Gemüsepfannen, Pastagerichten oder Gemüseaufläufen.

56 SCHMACKHAFTER STRUNK

Zitronensaft verbrauchen wir ja öfter mal im Haushalt. Aber was ist mit dem Rest? Tatsächlich können dir die Schalen noch einen letzten Dienst erweisen. Benutze die Zesten, um Wodka einen leckeren Zitrus-Flavour zu geben. Ca. eine Woche ruhen lassen, danach abgießen und in eine hübsche Flasche umfüllen.

Schmeckt auch in Kombination mit Limetten-Zesten.

57

FLAVOURED WODKA

58

NEUES WURZELGRÜN ZIEHEN

So lässt du Wurzelgemüse nachwachsen:

1. **Schneide die Wurzel unter dem Blattansatz rund 3 cm lang ab.**
2. **Lege die Wurzelstücke ins Wasser.**
3. **Wechsle täglich das Wasser.**
4. **Bereits innerhalb eines Tages beginnen die Blätter erneut zu wachsen.**

Während das Blattgrün wächst, bildet das verbliebene Wurzelstück feine Haarwurzeln aus. Das dauert ungefähr zwei Wochen. Sobald diese zu sehen sind, solltest du die Pflanze in die Erde setzen.

MATSCH-ALARM

Matschige Banane ist ein leckerer süßer Aufstrich auf Toast. Einfach mit einer Gabel plattdrücken oder mit einem Pürierstab verarbeiten.

Frierst du die Banane ein und wirfst sie danach in einen leistungsstarken Mixer, hast du leckeres Bananeneis.

In Kombination mit Milch wird aus dem Reis von gestern der Pudding von heute. Dazu den Reis in einen Topf geben, mit Milch übergießen und erhitzen, bis die Milch kocht. Herd runterschalten, die Milch süßen, etwa mit Honig. So lange kochen, bis der Reis weich und die Konsistenz wie bei einem Pudding ist. Für ein fruchtiges Extra sorgt ein Klecks Marmelade.

Auch lecker dazu: frische Beeren.

60 REIS-PUDDING

NOTIZEN

AHA!

Und was passiert mit dem Küchenabfall, der sich einfach nicht vermeiden lässt? Kein Problem – der kommt auf den Kompost, der auch „schwarzes Gold“ genannt wird. Wieso? Was einmal Abfall war, ist nach dem Kompostieren Grundlage für optimales Wachstum und eine wunderbare Ernte im Beet. So wächst aus Müll quasi neues Essen!

Das darf auf den Kompost: Brot, Kaffeefiltertüten, Teebeutel, Abfälle von Gemüse und Obst, Stroh und Streu, Eierschalen, Rasen-, Strauch- und Baumschnitt, Laub, Rinde, Sägemehl, alte Erde

Das darf NICHT auf den Kompost: Behandeltes Holz, beschichtetes Papier, mineralische Abfälle, Leder, Glas, Kunststoffe, Metall, Asche, Essensreste tierischen Ursprungs, Zitrusfrüchte, kranke Pflanzenteile, Katzenstreu

Für alle Nichtgartenbesitzenden gibt es Wurmkisten für den Balkon oder Bokashi-Eimer für die Küche.

NOTIZEN

UP cycling UND Müll-vermeidung

Schneidest du mehrere Weinkorken in gleich dicke Scheiben, kannst du daraus eine neue Pinnwand für die Küche basteln. Klebe die Scheibchen auf einen nicht mehr benötigten Untergrund, zum Beispiel einen Bilderrahmen oder ein großes Küchenbrett.

MAYONNAISE
AROMICO
BREWED WITH 100% NATURAL INGREDIENTS
WATER BARLEY MAIZE HOPS
GRILL Party
Corona Extra
6 FLASCHEN 355ml
WATER BARLEY MAIZE HOPS
BREWED WITH 100% NATURAL INGREDIENTS

Zero Waste ist und bleibt die beste Option – aber ab und zu fällt eben doch etwas Verpackungsmüll an. Und das ist auch gar nicht so schlimm – du kannst dem Müll nämlich fast immer ein kreatives zweites Leben schenken. Und dann wird aus Dosen, Gläsern & Co. ein tolles Mitbringsel für Freundinnen und Freunde oder eine coole DIY-Idee für dein Zuhause.

Aus Schraubgläsern in unterschiedlichen Größen wird ein richtig hübscher Adventskalender für deine Herzensmenschen. Damit sie nicht sofort entdecken, was drinsteckt, füllst du sie mit einem kleinen Stück Geschenkpapierrest. Einfach so zuschneiden, dass es sich zu einer Rolle formen lässt, und dann ab ins Glas damit. Von außen kannst du dann ein Etikett mit der Zahl anbringen. Wichtig: Das alte Etikett vorher im Spüli-Bad einweichen und abziehen.

Mach ein altes Glas zu deinem Glücksmomente-Glas. Notiere jeden Abend drei Momente, für die du dankbar bist, auf einen Zettel und wirf ihn danach ins Glas. Lies dir die Zettel durch, wenn du Aufmunterung brauchst.

62

ADVENTSKALENDER AUS SCHRAUBGLÄSERN

63

TETRAPACK-UTENSILO

Ein Tetrapack ist noch lange kein Fall für die Müllabfuhr. Daraus kannst du kleine Utensilos für den Haushalt oder zum Basteln mit Kindern zaubern. Dazu einfach den oberen Teil des Tetrapacks mit einem scharfen Messer entfernen, die Verpackung gut auswaschen und über Kopf trocknen lassen. Danach außen mit Papierresten bekleben. Dazu eignen sich z. B. Geschenkpapierreste oder Buchfolie.

Wenn du möchtest, kannst du die Verpackung auch mit Farbe besprühen oder anpinseln.

64 LEUCHTENDE WEINFLASCHE

Aus Sekt- und Weinflaschen kann man wunderschöne Flaschen-Lichter machen! Einfach Flasche gut auswaschen und das Etikett mithilfe eines Wasserbads mit Spüli entfernen. Reste kannst du vorsichtig mit einem scharfen Küchenmesser abnehmen. Über Nacht trocknen lassen, am besten über Kopf. Nun schnappst du dir eine alte Lichterkette, die du nicht mehr brauchst, oder eine spezielle Korken-Lichterkette, und fädelst sie vorsichtig in die Flasche hinein. Am Ende kommt der Korken drauf – und fertig ist die neue Küchen-Deko.

Wenn du auf Lichterketten lieber verzichten möchtest, kannst du deine alten Flaschen trotzdem erleuchten. Schau dazu einfach auf Seite 92.

Wachsreste und Kronkorken sind eine tolle Kombination. Einfach Wachsreste schmelzen und auf die Korken verteilen. Die Mini-Kerzen eignen sich prima als Geburtstagslichter für kleine Küchlein.

Den Docht kannst du im Bastelgeschäft kaufen.

65 LEUCHTENDE KRONKORKEN

66

EDLE STOFF-SERVIETTEN

Schneide eine alte Tischdecke in ca. 32 cm × 32 cm große Quadrate und nähe die Quadratränder etwa 1 cm breit um. Mit diesen waschbaren Stoffservietten sparst du jede Menge Papiermüll.

Mit einem selbstgemachten Serviettenring kommen die Servietten noch schöner zur Geltung. Wie wäre es z. B. mit einem alten Armreif, Ohrringen oder einem schönen Zopfband?

Leere Gläser mit Schraubdeckel eignen sich prima als Geheimversteck. Damit niemand sieht, was drinsteckt, stellst du ein zweites, kleineres Glas hinein und füllst die Seiten bis oben mit trockenem Reis.

Statt Reis kannst du auch Linsen verwenden.

67 TOP SECRET

FLASCHEN MIT ESPRIT

Leere Flaschen eignen sich wunderbar als Kerzenständer. Bei Weinflaschen kannst du die Stabkerze direkt in den Hals der Flasche drücken, bei größeren Gefäßen brauchst du einen speziellen Flaschen-Kerzenhalter, den du im Bastelladen kaufen kannst. Achte aber bitte auf die Stabilität und verlasse den Raum nicht, so lange die Kerze brennt.

Auch hübsch: Zweige in der Flasche arrangieren, etwa getrocknete Kräuter oder Eukalyptus.

Wickelst du ein wenig Draht oder eine reißfeste Schnur um den Hals eines leeren Schraubglases, wird daraus eine richtig schicke Vase, die du ins Fenster oder an einen anderen schönen Ort hängen kannst.

Richtig praktisch wird deine neue Deko, wenn du eine Frühlingszwiebel darin nachwachsen lässt. Die unteren 2 bis 3 cm mit dem Wurzelrest hineinstellen und das Wasser alle paar Tage wechseln. Schon nach etwa einer Woche wächst das Grün nach.

69 SCHWEBENDE VASE

Aus einigen Gläsern kannst du richtig schicke Longdrink-Gläser machen, vor allem die, die eine außergewöhnlichere Form haben.

Wenn du gerne einen Strohhalm verwendest, denk auch hier an wiederverwendbare Modelle, etwa aus Glas.

70

CHEERS!

71

PERFECT MATCH

Thunfischdosen und Sukkulenten matchen perfekt: Einfach das Etikett entfernen und in die Dose setzen oder pflanzen. Wenn du auch noch etwas Farbe übrig hast, kannst du die Dose einfärben. Sieht toll aus und geht super easy.

Keinen grünen Daumen? Dann kommt ein Teelicht in die Dose.

72

AUS 2 MACH 1

Aus einem ausrangierten Glas und einem hübschen Teller wird eine schicke Etagere. Glas umdrehen und den Teller darauf befestigen.

Wenn die Konstruktion nicht stabil genug ist, den Teller mit Heißkleber befestigen.

Das alte Porzellan der Großeltern versauert viel zu oft auf dem Dachboden oder staubt in der Vitrine ein. Viel besser: Bepflanze es nach Lust und Laune mit Küchenkräutern und Sukkulenten.

Klappt übrigens auch mit der Muffinform, die du noch nie benutzt hast.

73 NEUES ZUHAUSE

Praktisch: Eine Küchenreibe wird umgedreht und an einem Haken aufgehängt zum Aufbewahrungsort für Kochlöffel, Schneebesen & Co.

Vorsicht: Wenn die Seiten sehr scharf sind, außerhalb der Reichweite der Kids anbringen.

74

KÜCHEN-UTENSILO

75 CANDLELIGHT-CUPS

Hübsche, nicht mehr benötigte Porzellantassen könntest du mit Wachsresten füllen und auf diese Weise eine Kerze daraus machen. Noch hübscher werden sie, wenn du getrocknete Blüten hinzufügst.

Wenn du es dir einfacher machen möchtest, schnapp dir ein Teelicht.

76

VOM HOLZ ZUM HALTER

Aus hübschen, stabilen Küchenutensilien aus Holz lässt sich eine ausgefallene Küchenleiste machen, an der du Geschirrtücher oder Topflappen aufhängen kannst. Einfach Haken oder Nägel in das Holz hämmern.

Auch hübsch als Aufhängung für Schlüssel.

Du hast einen alten Besteckkasten aus Holz und möchtest ihn gegen einen neuen ersetzen? So musst du ihn trotzdem nicht wegwerfen: Auswischen, hochkant aufstellen und mit Nägeln versehen. So wird daraus ein praktischer Kasten für deinen Schmuck, den du im Bad aufhängen kannst.

Wenn du möchtest, kannst du das Holz natürlich auch noch mit ein bisschen Farbe aufpeppen.

77

ZIMMER-WECHSEL

In Konserven kannst du dein Besteck wunderbar aufbewahren. Wenn du sechs Stück verwendest, hast du sogar genug Platz, um Messer, Gabeln & Co. getrennt voneinander aufzubewahren. Wenn du möchtest, kannst du die Dosen an einem Holzbrett befestigen, dann sieht die Konstruktion aus wie ein Sixpack.

Bemalst du Holzbrett oder Dosen mit einer geeigneten, umweltfreundlichen Farbe, kannst du in deiner Küche frische Akzente setzen.

78 COOLES SIXPACK

79

WAS WÄCHST HIER?

Die Holzstiele vom Eis unbedingt aufbewahren. Im nächsten Frühjahr kannst du damit deine frisch ausgesäten Gemüsebeete kennzeichnen, im Garten, aber auch auf der Fensterbank in deinen Kräutertöpfchen.

Klappt auch mit ausrangierten Kochlöffeln aus Holz.

80
ALLES ZUR HAND

Schneebesen, Reibe, Holzlöffel: Wenn du einen S-Haken an einer Konservendose anbringst, kannst du sie an einer Küchenleiste über dem Herd aufhängen.

Auch Spülutensilien kannst du auf diese Weise gut aufbewahren.

Bemalst du die Tragefläche deiner alten, nicht mehr benötigten Tabletts mit Tafelfarbe, kannst du sie danach als Blickfang an der Küchenwand befestigen. Für Botschaften an deine Liebsten – oder für den wöchentlichen Einkaufszettel

---

Sieht auch mit den alten Silber-Tabletts der Großeltern toll aus.

81 AB AN DIE WAND

82

KELLEN-LIGHT

Du hast noch eine alte Suppenkelle, die du an der Wand aufhängen kannst? Auch darin sieht ein Teelicht super aus.

Achte hier ganz besonders gut auf die Stabilität.

Mit diesem Utensilo holst du dir Restaurant-Feeling auf den Küchentisch, denn hier findet alles seinen Platz. Dazu befestigst du einfach Gläser oder Dosen in unterschiedlichen Größen auf einem Holzbrett und besprühst oder bemalst alles in einer umweltfreundlichen Farbe deiner Wahl. Hier finden nun Salz- und Pfefferstreuer, Öl oder Essig und deine Stoffservietten ein Plätzchen.

Dieses Utensilo sieht auch im Nähzimmer oder im Home Office toll aus.

83

TISCH-UTENSILO

Deine Eierpappe macht sich toll als Oster-Wiese. Dazu brauchst du so viele leere halbe Eier, wie in die Pappe passen. Natürlich ausgespült und mit etwas Wasser gefüllt. Danach stellst du kleine Blümchen hinein und als Deko noch ein paar Schoko-Ostereier. Sieht toll aus, oder?

Je höher die Eierhälfte, desto stabiler ist die kleine „Vase“.

84 FROHE OSTERN

35

NEUE FLASCHEN-VASE

Aus einer leeren Ölflasche wird eine hübsche Vase, wenn du das Etikett entfernst. Wenn du möchtest, kannst du die Flaschen in einer umweltfreundlichen Farbe ansprühen oder bemalen.

Du kannst auch mehrere zusammen arrangieren. Wenn sich die Formen unterscheiden, sieht es spannender aus.

COOLE MAGNETEN

Kombinierst du Kronkorken mit Magneten, kannst du daraus stylische Kühlschrank-Magneten basteln.

Deine Freunde lieben ein Getränk ganz besonders? Dann fertige für sie eine Extra-Kollektion als Geschenk an.

Eine originelle Geschenkidee: Kombinierst du eine Seifenpumpe mit einem Marmeladenglas, wird daraus ein echt origineller Seifenspender, der sich auch toll als Geschenk macht.

In diesen Gläsern kannst du auch selbst gemachtes Spüli, Duschgel oder andere Flüssigkeiten lagern.

87 SEIFE STATT MARMELADE

88

SOSSEN-SIXPACK

Jemand bringt Bier im Papp-Sixpack mit? Super! Hier kannst du künftig deine Soßen sammeln und mit einem Handgriff auf den Tisch stellen. Zudem fliegen sie dann nicht lose im Kühlschrank herum und werden schlecht.

Wenn du möchtest, kannst du die Pappe einfärben, dann macht er auf dem Tisch etwas mehr her.

Dein Grillrost macht auch außerhalb der Grillsaison eine gute Figur in der Küche. Hängst du es an die Wand oder an den Küchenschrank, kannst du daran mithilfe von S-Haken Töpfe oder Tassen aufhängen. Das klappt natürlich auch mit einem ausrangierten Grillrost.

Der alte Rost ist nicht mehr schön? Mit Kaffeesatz polierst du ihn wieder auf Hochglanz. Siehe auch Hack 98!

89 VON WEGEN ROST

90

PARTY TIME

Das Leben braucht mehr Konfetti? Allerdings! Aber beim nächsten Geburtstagsbuffet machst du das Konfetti aus Papp- und Papierresten, die beim Einkaufen angefallen sind und sich nicht haben vermeiden lassen. Auch gut: Werbeprospekte vom Supermarkt.

Und wenn die Party draußen stattfindet? Dann zauberst du Konfetti aus Laubblättern. Sieht super hübsch aus!

NOTIZEN

AHA!

Upcycling ist eine tolle Sache – aber wohin mit den Basteleien, wenn die eigene Küche schon perfekt ausgestattet ist? Eine gute Möglichkeit, upgecycelte Dinge in gute Hände zu geben, sind Freunde und Familie, aber auch Flohmärkte, Kleinanzeigen-Portale und Webseiten für den Kauf und Verkauf von handgemachten Produkten, Vintage und Künstlerbedarf. Auf diese Weise kannst du anderen eine Freude machen und verdienst auch noch ein paar Euro, die du in einen lang gehegten Traum oder in ein nachhaltiges Projekt investieren kannst. Und: Neben dem guten Gefühl, sich von materiellen Dingen zu befreien und zu Hause wieder mehr Raum zu haben, dankt dir auch die Umwelt. Dinge, die auf dem Flohmarkt verkauft werden, sorgen dafür, dass weniger Ressourcen aufgewendet werden müssen, um neue Dinge herzustellen.
Tipp: Wenn du Selbstabholer findest oder auf dem Flohmarkt verkaufst, sparst du auch noch das Verpackungsmaterial und die Emissionen für das Verschicken ein.

NOTIZEN

clean kitchen

- OHNE CHEMIE -

Wenn dir das Leben Zitronenscheiben schenkt, nutze sie, um deine Mikrowelle mal wieder sauber zu machen. Lege die Scheiben in eine Schüssel mit Wasser und erhitze sie für 2 bis 3 Minuten auf höchster Stufe. Der Dampf löst die Verschmutzungen auf.

Nach dem Essen ist vor dem Abwasch – und was wäre dieses Buch ohne ein paar Ideen für eine nachhaltige Putz-Offensive in der Küche?! In diesem Kapitel erfährst du, wie du Backofen, schmutzige Pfannen & Geschirr ohne Chemiekeulen sauber bekommst – und das mit ganz alltäglichen Zutaten, die du sicher schon im Vorratsschrank hast.

Auch bei den Küchen-Putzutensilien kannst du mittlerweile gut auf Plastik und Wegwerfartikel verzichten. Gut geeignet sind z. B. Spülbürsten aus Holz, mit Wechselkopf aus nachwachsenden Rohstoffen. Der Holzgriff kann damit immer wieder verwendet werden.

Immer mit den Borsten nach unten lagern, so kann das Wasser optimal abfließen. Den Griff nicht in die Spülmaschine geben.

92

JE WENIGER PLASTIK, DESTO BESSER

93

NATUR PUR

Deinen Spülschwamm kannst du durch einen Schwamm aus Zellulose ersetzen. Er ist komplett pflanzlich, vegan und stammt aus nachwachsenden Rohstoffen.

Du kannst den Schwamm sogar mehrfach verwenden und in der Wasch- oder Spülmaschine reinigen. Cool: Wenn er nicht mehr zu gebrauchen ist, darf er seinen Lebensabend auf deinem Kompost verbringen.

94

VOM LUMPEN ZUM LAPPEN

Alte T-Shirts, Geschirrtücher und Stoffreste, die du nicht mehr brauchst, kannst du prima als Putztuch für die Küche benutzen, sofern sie aus Baumwolle bestehen. Die Shirts am besten in praktische Quadrate zerschneiden, damit du beim Putzen nicht das ganze Shirt in der Hand hast. Wenn du möchtest, kannst du sie noch mit einem Quadrat aus einem alten Frottee-Handtuch vernähen, dann werden die Lappen stabiler und noch saugfähiger.

Die Lappen kannst du bei 60 Grad in der Waschmaschine waschen.

Dein Backofen wird mithilfe von Backpulver wieder blitzeblank. In einem kleinen Schälchen im Verhältnis 1:1 mit Wasser mischen und danach auf die verschmutzten Oberflächen im Ofen geben. Zwei Stunden einwirken lassen.

Lässt auch die Ofentür wieder strahlen.

95

KRUSTEN-KILLER

96 SAUER MACHT SAUBER

Ab und zu freut sich auch deine Spülmaschine über eine gründliche Reinigung: 8 EL Zitronensäure nach Packungsanweisung auflösen und die Maschine damit aus- und abwischen. Danach 8 EL direkt in der leeren Maschine verteilen und einmal heiß durchlaufen lassen.

Auch Kaffeemaschinen kannst du mit Zitronensäure reinigen. Einfach 1-2 EL in Wasser auflösen, in die Maschine füllen und ganz normal durchlaufen lassen. Zweimal nachspülen.

Die Ablagerungen im Wasserkocher wirst du mit einem 1:1-Mix aus Essigessenz und Wasser wieder los. Im Wasserkocher erhitzen, kurz einwirken lassen und mehrmals mit klarem Wasser ausspülen.

Fenster öffnen, nicht über das Gerät beugen.

97 WIE NEU

98

COOLER KAFFEESATZ

Kaffeesatz eignet sich prima, um Grillrost, Pfannen und Töpfe zu reinigen. Einfach auf die Fläche geben und schrubben.

Auch Blumenvasen werden mit Kaffeesatz wieder schön sauber. Einfach 2 TL ins Gefäß geben, mit heißem Wasser übergießen und für 2 Stunden stehen lassen.

Spülmittel kannst du umweltfreundlich selbst herstellen: 30 g vegane Kernseife (z. B. Aleppo-Seife aus Oliven- und Lorbeeröl) mit einer Küchenreibe in einen Kochtopf hobeln, danach mit 600 ml kochendem Wasser übergießen. 2 TL Natron dazugeben und unter Rühren darin auflösen. Flüssigkeit in ein leeres Glas füllen.

Auf besonders hartnäckige fettige Stellen pure Aleppo-Seife geben.

99 HOL DEN HOBEL RAUS

Aus Zitrusfrüchten und Essigessenz kannst du einen effektiven, umweltfreundlichen Allzweckreiniger herstellen.

Schäle ein paar Zitrusfrüchte deiner Wahl, zum Beispiel Zitronen, Orangen oder Grapefruits.

Nun gibst du die Schalen in ein großes Einmachglas mit Schraubdeckel

100 DIY-ALLZWECKREINIGER

Fülle das Glas mit Essigessenz und Wasser 1:1 auf und lass es danach zwei Wochen lang ruhen.

Danach gießt du das Ganze durch ein Sieb und verdünnst es noch mal 1:1 mit Wasser.

Nun gießt du die doppelt verdünnte Essigessenz mithilfe eines Trichters in eine leere Sprühflasche und legst los.

Natursteinböden, Gummi und Silikon sind kein Fan von diesem Reiniger. Wenn du unsicher bist, ob Böden & Co. den Reiniger vertragen, testest du ihn am besten erstmal an einer unauffälligen Stelle.

Diese Tücher sind genauso saugfähig und ebenso schnell zur Hand, lassen sich aber viele Male verwenden. Hergestellt werden sie ganz easy aus alten Stoffresten oder alten Kleidungsstücken. Dazu mehrere gleich große Quadrate zuschneiden und die Ränder vernähen. Danach auf einen Küchenrollenhalter wickeln und bei Bedarf verwenden.

Wenn du möchtest, kannst du an den Tüchern noch Druckknöpfe befestigen. Dadurch kannst du die einzelnen Tücher aneinander befestigen und sie lassen sich einfacher aufwickeln.

101

MEHRWEG-KÜCHENROLLE

102 STOPPT DEN MIEF

Wenn der Kühlschrank unangenehm riecht, hilft ein Schälchen mit Kaffeesatz. Einfach über Nacht in den Kühlschrank stellen.

Klappt auch mit einer halben Kartoffel.

103 EINMAL DURCHSPÜLEN

Den Abfluss in der Spüle reinigst du so: Gib 4 EL Kaisernatron in den Abfluss und gieße sofort 150 ml Essigessenz hinterher. Wenn sich das Sprudel-Geräusch gelegt hat, schüttest du heißes Wasser in den Abfluss, um den Schmutz zu entfernen.

Ist der Abfluss verstopft, hilft ein Pömpel. Einfach auf und ab bewegen, bis sich der Schmutz gelöst hat.

Wenn du nach dem Kochen noch Kartoffelwasser übrig hast, kannst du damit Bratpfannen und Oberflächen säubern. Tunke einen Schwamm oder ein Tuch ins Kartoffelwasser und wische Pfannen & Co. damit gründlich ab. Mit klarem Wasser nachwischen, um Stärkereste zu entfernen.

Das Kartoffelwasser ist schon kalt? Dann ab in die Gießkanne damit. Es liefert den Pflanzen noch wichtige Nährstoffe.

104

NICHT WEGGIESSEN

Gegenstände aus Edelstahl kannst du mit einer halbierten Kartoffel polieren. Die Stärke sorgt für Glanz und verhindert, dass das Material anläuft.

Klappt auch mit dem Inneren von Kartoffelschalen.

105

SHINY STAHL

106 TSCHÜSS KALK

Du hast Kalkrückstände an Armaturen oder in der Spüle? Mit einem 1:1-Mix aus Wasser und Essigessenz wirst du sie ganz easy wieder los.

Funktioniert auch bei Wasserflecken.

107 KEIMFREI

Den Kühlschrank säuberst du mit einem Mix aus 100 ml Essigessenz und 200 ml Wasser.

Die Fugen, Rillen und Ritzen nicht vergessen. Mit klarem Wasser nachwischen.

Verfärbtes Silberbesteck wird wieder hübsch, wenn du es mit Zitronensaft polierst. Danach mit Wasser nachspülen.

Wickle das Besteck in ein Baumwolltuch. Das verhindert, dass das Silber mit Sauerstoff und Schwefelwasserstoff aus der Luft reagiert.

108

BLING BLING

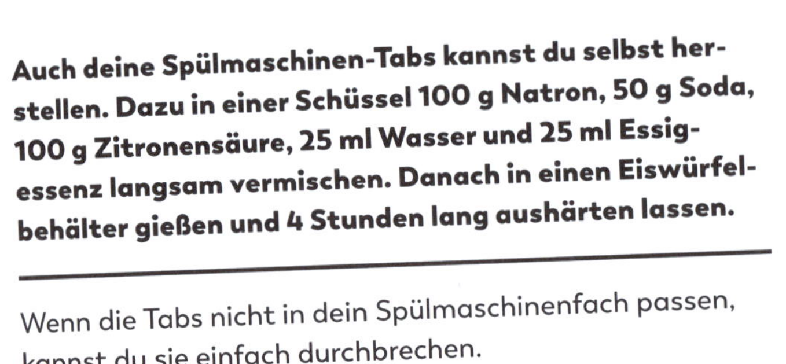

Auch deine Spülmaschinen-Tabs kannst du selbst herstellen. Dazu in einer Schüssel 100 g Natron, 50 g Soda, 100 g Zitronensäure, 25 ml Wasser und 25 ml Essigessenz langsam vermischen. Danach in einen Eiswürfelbehälter gießen und 4 Stunden lang aushärten lassen.

Wenn die Tabs nicht in dein Spülmaschinenfach passen, kannst du sie einfach durchbrechen.

109 DIY-TABS

110

FEST ODER FLÜSSIG?

Du hast noch ein Stück feste Seife übrig, möchtest in der Küche aber lieber Flüssigseife verwenden? Dann rasple die Seife in einen (alten) Kochtopf und verrühre die Raspel im Verhältnis 1:1 mit Wasser. Danach erhitzt du die Mischung und rührst, bis sich alle Seifenflocken aufgelöst haben. Wenn die Seife abgekühlt ist, gibst du noch eine Tasse Wasser dazu, bis die Konsistenz so ist, wie du es dir wünschst. Danach in einen Seifenspender umfüllen.

Wie du einen Seifenspender aus einem Marmeladenglas machst, erfährst du in Hack 87.

111

SODA-TRICK

Trink- und Thermosflaschen sind oft schwer zu reinigen. Damit wirst du Ablagerungen los: 1 TL Waschsoda in die Flasche geben, bis zum Rand mit heißem Wasser füllen, danach 24 Stunden einwirken lassen. Mit einer Flaschenbürste nachwischen und gut ausspülen.

Klappt auch mit 1 TL Zitronensäure.

NOTIZEN

AHA!

Laut Bundesumweltamt werden jährlich etwa 1,5 Millionen Tonnen Wasch- und Reinigungsmittel an den privaten Endverbraucher verkauft. Davon ca. 173.000 Tonnen Maschinengeschirrspülmittel, ca. 139.000 Tonnen Handgeschirrspülmittel und ca. 319.000 Tonnen Reinigungs- und Pflegemittel. Und diese Chemikalien landen direkt in unserem Abwasser. Pro Kopf sind es angeblich 7,6 kg pro Jahr. Eine ganze Menge, die sich vermeiden ließe, wenn wir versuchen würden, auf nachhaltige Putz- und Waschmittel zu setzen. Allein, wenn du es ein halbes Jahr lang versuchst, sparst du schon 3,8 kg ein – ein toller Beitrag zum Schutz der Umwelt!

SAISON-TABELLEN

SAISON-TABELLE GEMÜSE

Artischocke	Juli bis September
Aubergine	Juni bis Oktober
Blumenkohl	Mai bis Oktober
Bohnen	Juni bis Oktober
Brokkoli	Juni bis November
Champignons	Januar bis Dezember
Chinakohl	Mai bis Februar
Erbsen	Juni bis August
Fenchel	Juni bis Oktober
Frühlingszwiebel	Mai bis Oktober
Grünkohl	Oktober bis Februar
Gurken	Juni bis Oktober
Hokkaido	Juli bis Oktober
Kartoffeln	Juni bis Oktober
Kohlrabi	Mai bis Oktober
Kürbis	August bis November
Lauch	Januar bis Dezember

Mais	August bis Oktober
Möhren	Juni bis Oktober
Paprika	Juli bis Oktober
Pastinake	November bis Februar
Radieschen	Mai bis Oktober
Rote Bete	Juli bis November
Spargel	April bis Juni
Spinat	März bis Mai
Sellerie	Juli bis Oktober
Steckrübe	November bis Februar
Süßkartoffel	September bis Oktober
Tomaten	Juli bis Oktober
Weißkohl	Juni bis November
Wirsing	Mai bis Februar
Zucchini	Juni bis Oktober
Zwiebeln	Juli bis Oktober

SAISON-TABELLE OBST

Apfel	August bis Oktober
Aprikose	Juli bis August
Birne	Juli bis Oktober
Brombeere	Juli bis September
Erdbeere	Mai bis Juli
Hagebutte	September bis Dezember
Heidelbeere	Juni bis September
Himbeere	Juni bis September
Holunderbeere	August bis September
Johannisbeere	Juni bis August

Kirsche	Juni bis August
Nektarine	Juli bis September
Pfirsich	Juli bis September
Pflaume	Juli bis September
Quitte	Oktober bis November
Rhabarber	März bis Juli
Schlehe	Oktober bis Dezember
Stachelbeere	Juni bis August
Weintraube	September bis Oktober
Zwetschge	Juni bis September

CHECKLISTEN

Fleischlos glücklich!

Mit diesen eiweißreichen Alternativen fehlt dir garantiert nichts.

Darum geht's:	**Was ist das genau?**	**Kulinarischer Fleischersatz in:**
Tofu	Kalorienarmer Eiweißlieferant aus Sojabohnen-Püree	Rührei, Suppen, Pfannengerichte
Sojagranulat	Der Hackfleisch-Ersatz wird aus entfettetem Sojabohnen-Mehl gewonnen.	Hack-Gerichte wie Burger, Bolognese-Soße, Chili con Carne
Tempeh	Besonders bekömmlicher Ballaststoff- und Eiweißlieferant aus fermentierten Sojabohnen	Asia-Gerichte, Burger, Bratlinge, Pfannengerichte
Seitan	Zähe, eiweißreiche Masse aus einem Teig aus Weizenmehl und Wasser. Beim Kneten wird ein Großteil der Stärke ausgewaschen.	Pfannengerichte, Bratwurst, Schnitzel, Aufschnitt
Lupineneiweiß	Eiweißreiche, ballaststoffreiche Hülsenfrucht, die nach Nüssen schmeckt. Das Lupinenmehl wird aus eingeweichten, gepressten Kernen gewonnen.	Schnitzel, Würstchen, Gyros, Bratlinge
Grünkern	Das halbreif geerntete Korn des Dinkels ist der Grünkern, der durch Rösten und Trocknen haltbar und schmackhaft gemacht wird.	Bratlinge, Frikadellen
Kichererbsen	In der Kirchererbse stecken jede Menge Eiweiß, Eisen und Kalzium, genau wie sättigende Ballaststoffe.	Döner, Falafel, Pfannengerichte, Eintöpfe

*Bei Soja-Produkten auf Soja aus ökologischem, europäischem Anbau setzen.

MHD - Das ist noch lange gut!

Das Mindesthaltbarkeitsdatum ist nur ein Richtwert, ein Wegweiser, kein Verfallsdatum. Die Tabelle zeigt, wie lange Lebensmittel nach dem Ablauf im Schnitt noch haltbar sind. Danach hilft: Riechen, anschauen und schmecken.

Reis	1 Jahr
Pasta	1 Jahr
Mehl	1 Jahr
Zucker	1 Jahr
Konserven	1 Jahr
TK Obst und Gemüse	6 Monate
Aufstrich	6 bis 12 Monate
Müsli & Cornflakes	2 Monate
Eier, Käse, Butter	bis zu 14 Tage
Wurst	bis zu 7 Tage
Milch & Joghurt	2-5 Tage
Brot & Brötchen	2-3 Tage

CHECKLISTEN

TOP 7-UPCYCLING-IDEEN

Flaschen (Milch, Öl, Limo und Spirituosen)	Deko, Aufbewahrung, Kerzenständer, Vasen
Gläser mit Schraubdeckel (Marmelade, Honig, Schoko-Aufstrich, Gemüse und Obst)	Trinkgläser, Aufbewahrungsgläser, Geschenkverpackung, gut zum Einfrieren
Dosen (Konserven, Fisch & Co.)	Aufbewahrung, Pflanzgefäß, Deko, Vasen
Kartons (Tetrapack, Teekartons & Co.)	Utensilo und Aufbewahrung
Stoffreste	Putzlappen, Küchentuch aus Stoff, Brotbeutel, Wachstücher
Kronkorken	Magnete, Kerzen
Porzellan (Teller, Tassen, Untertassen)	Gut zum Bepflanzen, perfekt als Kerzenhalter

KRÄUTER FÜR DIE FENSTERBANK

Dill	Dill braucht ein relativ großes Pflanzgefäß, da er in kleinen Reihen im Abstand von 15 cm gesät wird. Dafür benötigt er wenig Licht, er gedeiht bei 10 bis 15 °C.
Petersilie	An einem lichten Platz ohne direkte Sonneneinstrahlung fühlt sie sich wohl. Nur mäßig gießen.
Schnittlauch	Muss im Topf regelmäßig neu gesät werden. Dazu stets frische Samen verwenden, da das Saatgut nach längerer Lagerzeit nicht mehr gut keimt.
Basilikum	Es liebt es warm. Nach der Aussaat die Anzuchttöpfe wässern und mit einer Glasscheibe abdecken; dann sind nach 1–2 Wochen die ersten Pflänzchen zu sehen, die nach 3–4 Wochen in Töpfe umziehen können.
Pfefferminze	Sie braucht ein schattiges Plätzchen und viele Nährstoffe und muss daher regelmäßig beschnitten und gedüngt werden. Sie trinkt viel, mag aber keine Staunässe.
Kresse	Samen in einer flachen Schale auf feuchtem Küchenpapier oder Watte aussäen und mit einem Holzbrettchen abdecken, bis sie nach etwa 2 Tagen keimen. Nach 3–5 Tagen mit einer Schere ernten.
Thymian	Thymian ist mehrjährig, wird bis zu 40 cm hoch und liebt die Sonne.

MAKING-OF

Voller Einsatz beim Frittatamachen

Zutaten und Utensilien

Ina beim Osterwiesebasteln

Hack- und Essensproduktion in der Studioküche

Die Schwerkraft greift durch beim Utensilo.

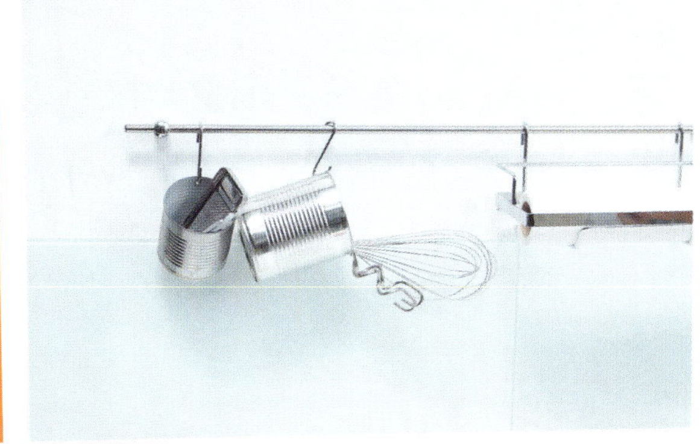

Bei so viel heißen Hacks kann schonmal was Überkochen im Eifer des Gefechts!

Soll das wirklich so aussehen?

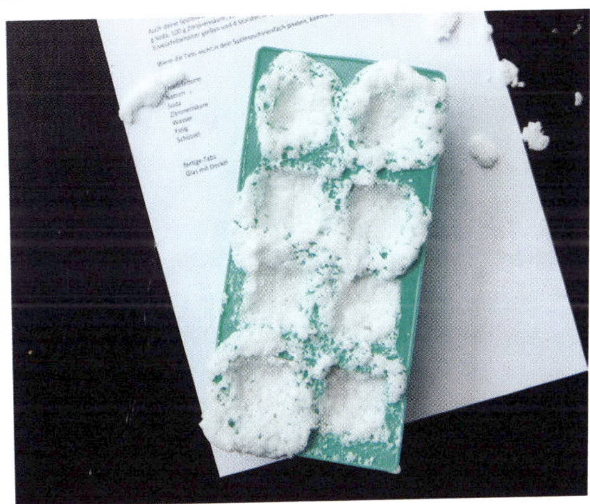

Manchmal muss man hier auch etwas länger suchen...

REGISTER

Noch mehr Trick 17 gesucht?

ISBN 978-3-7724-4577-4

ISBN 978-3-7724-4707-5

ISBN 978-3-7724-4835-5

ISBN 978-3-7724-4522-4

ISBN 978-3-7724-7181-0

ISBN 978-3-7724-4976-5

ISBN 978-3-7724-4495-1

ISBN 978-3-7724-7196-4

ISBN 978-3-7724-4547-7

ISBN 978-3-7724-7596-2

ISBN 978-3-7724-7186-5

ISBN 978-3-7724-4578-1

ISBN 978-3-7724-4633-7

ISBN 978-3-7724-7009-7

ISBN 978-3-7724-7155-1

ISBN 978-3-7724-7168-1

Viele weitere Kreativ-Bücher findest du auf www.TOPP-kreativ.de

Trick 17 gibt es auch kompakt mit 111 Hacks:

ISBN 978-3-7724-4631-3

ISBN 978-3-7724-4579-8

ISBN 978-3-7724-4582–8

ISBN 978-3-7724-4581–1

ISBN 978-3-7724-4601–6

ISBN 978-3-7724-4580–4

ISBN 978-3-7358-5056-0

ISBN 978-3-7358-5085-0

ISBN 978-3-7358-5029-4

ISBN 978-3-7724-4634-4

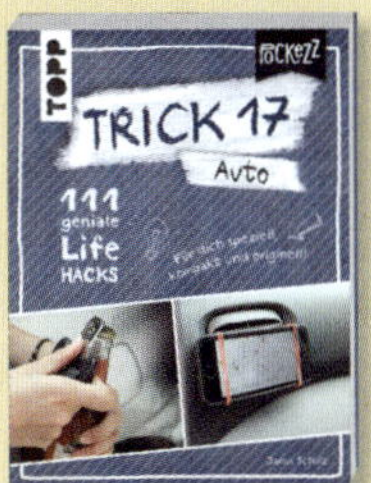

ISBN 978-3-7724-7144–5

#TOPPPROJEKT

Die eigene Kreativität zeigen: TOPPprojekt mit anderen Kreativen teilen und Teil der Gemeinschaft werden.

DIY-begeistert und auf Instagram? Dann unbedingt mitmachen! Hier gibt's Tipps und Feedback zu den eigenen Projekten. Außerdem verlosen wir jeden Monat ein Überraschungspaket. Um am Gewinnspiel teilzunehmen, einfach ein Bild vom Kreativ-Projekt aus unseren Büchern mit #TOPPprojekt posten und unserem Account @frechverlag folgen. Mehr Infos auf TOPP-kreativ.de/TOPPprojekt

Mach mit beim

#TOPPPROJEKT

#TOPPprojekt
@frechverlag

Website
Auf TOPP-kreativ.de kannst du ein riesiges Angebot von über 1.000 Kreativbüchern, Sets & mehr entdecken.

Newsletter
Gleich anmelden unter: TOPP-kreativ.de/newsletter und immer als Erstes von unseren Neuheiten und Sonderaktionen erfahren.

Instagram
@frechverlag

Pinterest
pinterest.com/frechverlag

Facebook
facebook.com/frechverlag

DigiBib
Hier findest du zusätzlich zu vielen unserer Bücher digitale Extras, wie Video-Tutorials, Plotter-Dateien, Vorlagen, Übungsblätter & vieles mehr. Einfach im Impressum deines TOPP-Buchs den Freischalte-Code nachschlagen und exklusive Inhalte freischalten. TOPP-kreativ.de/digibib

Youtube
youtube.com/frechverlag

Wer wir sind, wie wir arbeiten, was wir lieben ...

Auf Instagram, Facebook und Pinterest findest du mehr über uns und unsere Arbeit und wirst immer schnell und einfach mit den neuesten Infos versorgt.

Alle News, alle Infos und alle Links findest du auf www.TOPP-kreativ.de

DIE AUTORIN

INA VOLKMER

Als freie Journalistin kennt sich Ina Volkmer in vielen Themengebieten bestens aus. Ob Medizin, Kochen, Wohnen, Musik oder Fußball – das Leben hält immer wieder neue, spannende Geschichten bereit. Ihre Leidenschaft ist jedoch die Natur und alles, was man damit anstellen kann. Von selbst gemachten Cremes bis zu frisch gebrauten Kräutertees und Aufgüssen – alles, was Körper und Seele guttut, aber der Umwelt nicht schadet. Wenn sie nicht gerade für eine Reisegeschichte im Ausland ist, befindet sich Inas Lebensmittelpunkt im Herzen Hamburgs, mitten im Leben, mitten auf St. Pauli.

IMPRESSUM

FOTOS: frechverlag GmbH, 70499 Stuttgart; lichtpunkt, Michael Ruder, Stuttgart; Freepik: Seite 9, 59; Shutterstock: Seite 13 (barmalini, #1774931858); Seite 59 (Anna Gratys,#1077767336; Animaflora PicsStock,#1691243701; Tatyana Azarova, #1538026733; Stefan_Sutka, #2140046217)
ILLUSTRATIONEN: Ludmila Blum, Bunte Galerie, Durbach
COVERGESTALTUNG: Eva Hook unter Verwendung eines Fotos von lichtpunkt
PRODUKTMANAGEMENT UND LEKTORAT: Eva Schrecklinger, Jana Hartling
HERSTELLUNG: Jessica Siebert
SATZ: Fotosatz H. Buck, Kumhausen
DRUCK UND BINDUNG: PNB Print Ltd, Lettland

FSC
www.fsc.org
MIX
Paper | Supporting responsible forestry
FSC® C084698

Penguin Random House Verlagsgruppe
FSC® N001967

1. Auflage 2022

ISBN 978-3-7358-5030-0 • Best.-Nr. 25030